효봉 노트

제자가 직접 듣고
기록한 효봉 스님의 상당법어

효
봉
노
트

•

1948년 해인사 가야총림부터
1960년 동화사 금당선원까지

어의운하

일러두기

여기에 수록된 효봉 스님의 법어 중 가야총림에서 설하신 것은 시자인 보성 스님이 초록한 것이며, 동화사에서 설하신 법문은 제자인 법흥 스님이 기록해 놓은 것으로 이 법어들은 훗날 '효봉문도회'에서 한글로 옮겼다. 보성 스님은 생전에 편집자와 인터뷰 중 이렇게 밝혔다.

"내가 기록하는 것이 재밌어서 그랬지. 스님께 '이눔의 자슥아, 아까 법문한 것을 잘 들었다가 나중에 기록할 것이지'하고 꾸지람도 많이 들었지. 그렇지만 꾸지람 들어가면서도 기록을 해야겠다는 생각이 들었지. 나중에 우리에게 참고가 되겠지 하고 적은 거지."

효봉 스님의 법어는 1975년 상당법어, 수시설법, 게문, 서장 등을 묶어 『曉峰語錄』(비매품)로 발간해 대중에게 처음 공개됐으며, 이후 1995년 법어, 서장, 화보 등을 추가해 『曉峰法語集』으로 정식 출간했다. 효봉 스님의 법어가 대중에게 공개된 것은 무엇보다 손상좌인 현호 스님의 공이 크다. 흩어지고 숨겨져 있던 자료를 모으고 선별하는 데 가장 힘을 쏟았기에 효봉 스님의 법어가 대중과 만날 수 있었다. 아쉽게도 효봉 스님의 법어집은 십여 년 전에 절판되었다. 이에 어의운하 출판사에서 조계종 원로의원 현호 스님, 송광사 방장 현봉 스님, 송광사 주지 자공 스님, 법련사 주지 진경 스님께 효봉 스님의 상당법어 출간을 말씀드렸고, 흔쾌히 공감해주셨다.

이 책은 『曉峰法語集』 중 효봉 스님이 1948년 7월 15일 하안거 해제법문(해인사 가야총림)부터 1960년 1월 15일 동안거 해제법문(동화사 금당선원)까지 설하신 상당법어를 묶은 것으로, 일부 한문 표기는 가독성을 위해 뺐다. 상당법어의 날짜는 모두 음력이다. 한문본을 보고 싶은 독자는 『曉峰法語集』을 참고하기 바란다. 독자들은 법어를 읽으면서 70여 년을 거슬러 효봉 스님의 음성을 듣는 경험을 할 수 있을 것이다. 선지식이 귀한 시대에 이 책이 선禪의 울림이 되길 바란다.

차례

1948~1949

1958~1960

1

1948년 7월 15일 해인사 해인총림

하안거 해제 법어

법상에 올라 말씀하셨다.

"사람마다 그 발밑에 하늘 뚫을 한 가닥 활로(一條通天活路)가 있는데, 여기 모인 대중은 과연 그 길을 밟고 있는가? 아직 밟지 못했다면 눈이 있으면서도 장님과 같아 가는 곳마다 걸릴 것이다. 보고 들음에 걸리고 소리와 빛깔에 걸리며 일과 이치에 걸리고 현묘玄妙한 뜻에도 걸릴 것이다. 그러나 한번 그 길을 밟으면 이른바 칠통팔달七通八達이요 백천 가지를 모두 깨달아 밝히지 못할 것이 없고 통하지 못할 이치가 없을 것이다."

한참 있다가 말씀하시기를,

"만일 그 길(一路)을 밟고자 하거든 이익이 있거나 없거나 시장市場을 떠나지 말라. 이제부터 대중을 위해 용심用心할 곳을 지시하리라.

우리 선조 보리달마 존자는 인도로부터 중국에 오셔서 오직 한 마음(一心)을 말씀하시고 한 법(一法)만을 전하셨다. 부처로서 부처를 전하신지라(以佛傳佛) 다른 부처를 말하지 않으셨고, 법으로써 법을 전하신지라(以法傳法) 다른 법을 말하지 않으셨다. 그 법이란 말로 할 수 없는 법이요, 그 부처란 취할 수 없는 부처이니 그것이 곧 본원 청정한 마음이다.

그러므로 오늘 밤에 내 설법을 듣는 대중으로서 만일 이 마음을 밝히고자 한다면 다른 여러 가지 불법을 배우려고 할 것이 아니라, 다만 구하거나 집착함이 없기를 배워야 할 것이다. 구함이 없으면 마음이 일어나지 않을 것이며, 집착함이 없으면 마음이 멸하지 않을 것이니, 생멸生滅이 없는 그것이 바로 부처이니라.

부처님이 45년 동안 말씀하신 팔만사천 법문은 팔만

사천 번뇌를 상대한 것이니, 번뇌를 떠나면 그것이 곧 법이요, 떠날 줄 아는 그놈이 곧 부처다. 모든 번뇌를 떠나면 한 법도 얻을 것이 없을 것이다. 그러므로 도를 배우는 사람이 만일 묘한 비결을 알고자 한다면 오로지 그 마음에 한 물건도 구하거나 집착함이 없어야 한다.

무릇 부처의 참 법신法身을 허공과 같다고 비유하였지만, 사실은 허공이 곧 법신이요, 법신이 곧 허공인 것이다. 어떤 사람은 말하기를, 법신이 허공계에 가득하여 그 허공이 법신을 포용해 있다고 한다.

그러나 그는, 법신이 비어서 밝게 나타나니 공하되 공한 것이 아니요, 공하지 않되 공한 것을 모르는 사람이다. 만일 허공이 따로 있다고 하면 그 허공은 곧 법신이 아니요, 법신이 따로 있다고 하면 그 법신은 곧 허공이 아니다. 그러므로 허공이라거나 법신이라는 견해를 가지지 말라. 허공이 바로 법신이며 법신이 곧 허공이기 때문이다.

허공과 법신의 모양이 다르지 않고 부처와 중생의 모양이 다르지 않으며, 생사와 열반의 모양이 다르지 않고, 번뇌와 보리의 모양도 다르지 않다. 그러므로 온갖 모양을 떠나면 그것이 곧 여래如來·응공應供·정변지正邊智

·명행족明行足·선서善逝·세간해世間解·무상사無上士·조어장부調御丈夫·천인사天人師·불佛·세존世尊이니라.

범부는 경계를 취하고 도인은 마음을 버린다. 그러나 그것은 다 옳지 않다. 마음과 경계를 모두 잊어버려야 그것이 곧 참 법이다. 경계를 잊기는 쉽지만, 마음을 잊기는 지극히 어렵다. 그런데 요즘 도를 배우는 사람들은 흔히 마음은 버리지 않고 먼저 공에 떨어질까 두려워한다. 그러므로 모색할 것이 없는 곳에서 공이 본래 공도 아닌 그것이 일진법계一眞法界임을 모르고 있다.

이 신령스러운 각성은 본래 허공과 그 수명이 같아서, 생기는 것도 아니고 멸하는 것도 아니며, 있는 것도 아니고 없는 것도 아니며, 느는 것도 아니고 주는 것도 아니다. 깨끗한 것도 아니고 더러운 것도 아니며, 방소方所도 없고 끝도 없으며, 형상도 없고 이름도 없어서, 지혜로도 알았다 할 수 없고 말로도 통했다 할 수 없으며, 경계로도 얻었다 할 수 없고 힘으로도 미칠 수 없다.

그것은 삼세三世의 부처님과 보살과 일체중생이 다 같이 가진 대열반의 성품이다. 성품이 곧 마음이요, 마음이 곧 부처이며, 부처가 곧 법이니, 한 생각이라도 진실을 떠나면 그것은 모두 망상이다. 마음으로 마음을 구할 것이 아니요, 부처로 부처를 구할 것이 아니며, 법으로 법을 구할 것이 아니다. 그러니 도를 배우는 사람들이 단박에 무심하면 말없는 가운데 도에 계합할 것이다.

계율과 선정과 지혜의 삼학三學으로써 부처가 되고 조사가 되는 요문 要門을 삼는다. 그러나 그 삼학의 문은 탐욕과 분노와 우치의 삼독을 없애기 위해 방편으로 세운 것이다. 본래 삼독의 마음이 없거늘 어찌 삼학의 문이 있겠는가. 그래서 어떤 조사는 다음과 같은 게송을 읊은 것이다.

부처님이 말씀한 모든 법은
온갖 분별심을 없애기 위해서이다
내게는 이미 분별심 없거니
그 모든 법이 무슨 소용 있으리

또 옛사람은, '비구가 비구법을 닦지 않으면 삼천대천세계에 침 뱉을 곳이 없느니라'고 하였다. 그러나 오늘 이 산승山僧은 비구니들을 위해 다시 한 말 하리라. 비구니

가 비구니법을 닦지 않으면 지금부터 오백 년 뒤에는 이
땅에 부처님 그림자도 없어지리라."

이내 법상에서 내려오시다.

2

1948년 10월 15일 해인사 가야총림

동안거 결제 법어

법상에 올라 전후좌우를 둘러보시고 말씀하셨다.

"전후좌우의 모든 대중이 다 무위진인無位眞人이로구나! 이 자리에서 문득 한 생각을 일으키면 곧 진신眞身을 잃어버릴 것이다."

한참 있다가 이르시되,

"이번 겨울 안거 동안에 이 산승은 여러 대중과 함께 한배를 타고 물결 일지 않는 바다를 건너 바로 피안으로 건너가리니, 대중은 맹세코 다시는 진흙을 묻혀 물에 들어가지 말고 나와 같이 가자"

이어 게송을 읊으시되,

"한 걸음, 두 걸음, 세 걸음, 네 걸음
좌우에도 전후에도 떨어지지 말고 한복판으로 가자.
산과 물이 막다른 곳에 이르렀을 때
한 걸음 더 내디디면 거기가 바로 좋은 곳이다."

또 말씀하시기를,

"조계 曹溪 소식 아득해 안 들리니
육조 스님 지금에 혹 탈이나 없는가.
후손으로 그 조업 祖業을 이어받지 못하면
우리 가문 가운데 무슨 경사 있으리.

그러나 이 도량에 옛 거울(古鏡)이 있어 어두운 거리
를 비추고 있으니 바라건대 대중은 이 광명을 받아 다함
께 활로 活路를 얻어야 한다."

법상을 세 번 울리고 자리에서 내려오시다.

3

1948년 12월 8일 해인사 가야총림

성도절 법어

법상에 올라 말씀하셨다.

"3천 년을 내려오면서 부처님을 비방하는 이는 많았으나 부처님을 칭찬하는 이는 적었으니 그는 옛적 운문雲門 스님 한 사람뿐이었다. 그런데 오늘 이 산승이 바야흐로 부처님을 칭찬하려 하노라."

게송을 읊으시되,

"공연히 무슨 마음을 내어 저 설산雪山에 들어가
6년 동안 잠자코 앉아 무슨 일을 하였던고.

오늘 밤 샛별 보고 도를 깨쳤다 하였지만

도란 무슨 물건이며 깨침이란 또 무엇인가.

부처란 청정한 법계를 더럽힌 미친 도적이요, 부처란
생사고해에 빠져있는 죄인이다. 왜냐하면 법계는 원래 청
정하고 평등한데 어찌 육도六途의 차별을 말하였으며, 일
체 중생은 다 위 없는 큰 열반(無上大涅槃)에 들어가거늘
어찌 생사에 윤회한다는 법을 말하여 중생들로 하여금
스스로 의혹을 내게 하였던고."

게송을 읊으시되,

"두루 걸은 일곱 걸음 그 허물의 처음이요,

쌍림雙林에서 보인 열반 허물의 마지막이다.

천만고千萬古에 변하지 않을 허물이거니,

실로 어느 곳을 향해 참회해야 할까."

한참 있다가 말씀하시기를,

"오늘 이 산승이 석가모니 부처님을 대신하여 대중 앞에 참회하리니, 대중은 받아들여 용서하겠는가?"

한참 있다가 이르시기를,

"이제 부처님의 죄과는 없어졌다."

또 말씀하시기를,

"대개 도道를 배우는 사람들이 찰나찰나 헐떡거리는 그 마음만 쉬면 곧 저 불조佛祖와 상응相應하리니 대중은 과연 그 불조를 아는가? 눈앞에서 법을 듣는 그것이 곧 부처요 조사이건만 흔히 도를 배우는 사람들은 믿지 않으려 한다. 그러므로 밖을 향해 구하면 마침내 그것을 얻지 못할 것이다.

삼계는 마치 불타는 집과 같아서 오래 머물 수 없는 곳, 무상의 살귀殺鬼가 찰나찰나 그치지 않고 귀천과 노소를 가리지 않는다.

이 살귀의 침해를 면하려면 무엇보다 먼저 부처를

찾아야 한다. 그 부처는 어디 있는가? 대중의 한 생각 그 마음의 청정한 광명이 바로 자가自家 법당法堂의 법신불이요, 그 한 생각 마음의 분별없는 몸이 바로 자가 법당의 보신불이며, 그 한 생각 마음의 무루지無漏智의 행동이 바로 자가 법당의 화신불이다.

이 삼신불을 저 경론가經論家들은 극칙極則으로 삼지만 산승의 견해는 그렇지 않다. 즉 이 삼신불은 마치 집을 떠난 나그네와 같고 저 등각等覺 · 묘각妙覺은 결박 속에 있는 사람과 같으며, 저 성문聲聞 · 연각緣覺은 뒷간의 똥덩이 같고, 보리 · 열반은 장님의 거울과 같은 것이다.

왜 그러냐 하면, 일반 도류道流들은 삼아승지겁三阿僧祇劫의 공함을 깨닫지 못하여 그 때문에 그런 장애가 있지만, 진정한 도인은 그렇지 않아 한 생각 돌이키는 찰나에 다시는 한 생각도 없이, 되는대로 옷 입고 밥 먹으며 가게 되면 가고 머물게 되면 머문다. 앉게 되면 앉고 눕게 되면 누우면서 언제 어디서나 한 행상行相일 뿐이요, 나아가서는 부처를 찾는 한 생각도 없다.

그러므로 부처를 구하려 하면 곧 부처에게 얽매이고 조사를 구하려 하면 곧 조사에게 얽매이니 구한다는 것은 다 괴로움이라, 도리어 일이 없는 것만 못하느니라."

게송을 읊으시되,

"무엇이고 생각이 있는 사람은
일 없는 사람이 되기 어렵네
단박 모든 것을 잊어버리면
섣달에 여드레도 없을 것을."

주장자를 세워 법상을 한 번 울리고 말씀하셨다.

"오늘 이 법회에 법을 듣는 대중은 천千이요 또 만萬
이지만, 그중의 한 사람이 이익을 얻을 것이다. 묻노니 그
한 사람은 누구인고?
억(喝)!"

법상에서 내려오시다.

4
1949년 1월 1일 해인사 가야총림

법상에 올라 주장자를 들어 법상을 세 번 울리고 나서 말씀하셨다.

"해는 새해요 달은 새달이며 날은 새날이니, 대중은 어디 한마디 새말을 해보라."

대중이 말이 없자 한참 있다가 다시 말씀하시기를.

"혜안慧眼으로 살펴보면 진眞이면서 속俗 아닌 것이 없고, 법안法眼으로 살펴보면 속俗이면서 진眞 아닌 것이 없으며 불안佛眼으로 살펴보면 진속眞俗의 두 진리가 모두 있기도 하고 없기도 하다. 그렇다면 삼안三眼이 미치지 못하는 경지는 어떤고?"

대중이 말이 없자 한참 있다가 대중을 대신하여 이르시기를,

"석가가 열반에 드니 미륵이 관棺에 들었도다."

법상에서 내려오시다.

5

1949년 3월 1일 해인사 가야총림

법상에 올라 말씀하셨다.

"천지에 앞서 한 물건이 있는데, 형상이 없어 언제나 고요하며 홀로 만상萬像의 주인이 되어서도 사시四時를 따라 변하지 않는다. 만일 이것과 계합契合하면 성인 중에서도 성인이요 하늘 가운데서도 하늘이라 할 수 있지만, 그렇지 못하면 그는 바로 벌레 가운데서도 뼈 없는 벌레요, 귀신 가운데서도 이름 없는 귀신이니라."

한참 있다가 이르시기를,

"세 사람이 동행하는데 한 사람은 이렇게 오고 한 사람은 이렇게 오지 않으며, 한 사람은 전혀 관계하지 않는다. 세 사람이 동행하는데 어째서 이러한가? 각자 살펴보라."

또 말씀하시기를,

"대중들의 눈동자에는 어떤 것도 용납하지 않는다. 그러나 대중들은 지금 금가루를 자신의 눈에 뿌리고 있구나. 부처란 특별한 것이 아니라 바로 이 마음이다. 마음이 인연을 따라 습관이 성품을 이루기 때문에 선하고 악함과 지혜롭고 어리석음의 차별이 생기게 된다. 그것은 마치 여울물이 동쪽을 터놓으면 동쪽으로 흐르고 서쪽을 터놓으면 서쪽으로 흐르는 것과 같으며, 또 자벌레가 푸른 빛깔의 먹이를 먹으면 푸르게 되고, 누른 빛깔의 먹이를 먹으면 누르게 되는 것과 같은 도리이다.

이런 견해는 작은 비유로써 큰 것을 보인 것이니, 왜냐하면 무명無明의 힘은 크기가 불가사의하기 때문에 물들지 않으면서 물들어 범부가 되며, 반야般若의 힘은 크기가 불가사의하기 때문에 물들면서 물들지 않아 성인聖

人이 되기 때문이다.

우리가 세상을 살아가는 것은 마치 어룡魚龍이 큰 바다 속에 사는 것과 같다. 아무리 큰 바람이 불지라도 바다 밑까지는 이르지 못해 어룡의 잠에는 방해되지 않으며, 세상 티끌이 아무리 어지러워도 자성의 불토佛土에는 미치지 못하므로 우리 공부에는 장애되지 않는 것이니, 역순逆順의 경계에 있어서 부디 흔들리지 말라.”

한참 있다가 주장자를 들고 이르시기를,

“말해도 삼십방三十棒을 내릴 것이며 말하지 않아도 삼십방을 내릴 것이니, 어떻게 하면 그 삼십방을 면할 수 있겠는가?”

대중이 말이 없자 게송을 읊으시되,

“획 없는 여덟 팔자를 허공에 쓰니
큰 기틀과 작용이 그 가운데 있도다
선정이나 해탈이 귀하기는 하지만

달마의 문하에서는 가풍을 잃도다."

주장자를 세워 법상을 한 번 울리고 자리에서 내려
오시다.

6

1949년 3월 25일 해인사 가야총림

"소혈巢穴은 하늘을 꿰뚫는 눈이요 초명蟭螟은 땅을 뒤덮는 몸이며, 대천세계에 가득찬 경책經冊도 한 티끌 속에 있으니 대중은 그 한 티끌을 아는가? 그것이 있다 해도 한 티끌을 이루지 못할 것이요, 그것이 없다 해도 한 티끌을 이루지 못할 것이며, 있지도 않고 없지도 않다 해도 또한 한 티끌을 이루지 못할 것이다. 그 한 티끌 도리의 십 분의 구를 나는 이미 대중에게 다 말했거니와 그 남은 일 분은 오로지 대중의 생각에 맡긴다."

한참 있다가 이르시되,

"봄날이 따뜻하지 않으니 절후가 잘못됐나 의심스럽구나."

또 말씀하시기를,

"저 하늘에는 그림자 있는 달이 있고
이 인간에는 그림자 없는 달이 있다.
그림자 있는 달은 비추지 못하는 곳이 있지만
그림자 없는 달은 비추지 못하는 곳이 없다
그림자 없는 달은 사람 사람이 다 가지고 있는 것이니
만일 그 달을 보려거든 섶을 지고 불속으로 들어가라."

주장자로 법상을 한 번을 울리고는 자리에서 내려오시다.

7

1949년 4월 1일 해인사 가야총림

법상에 올라 말씀하셨다.

"마음과 짝하지 말라. 무심無心하면 마음이 저절로 편안하니라. 만일 마음과 짝하게 되면 움쩍만해도 곧 그 마음에 속느니라.

그러므로 이조二祖 혜가慧可가 달마대사達摩大師에게 '제자의 마음이 편하지 못합니다. 이 마음을 편안하게 해 주십시오' 할 때 달마대사는 '그 마음을 가져오너라. 편안케 해 주마'라고 하였다. 혜가가 '안이나 밖이나 중간에서 아무리 그 마음을 찾아보아도 얻을 수 없습니다'하자 달마는 '그대 마음을 이미 편하게 해 주었노라'라고 하였다.

이 도리는 마음을 찾아 마음이 없음을 알았으니 그
것은 편안한 마음을 찾은 것이므로 어디선들 편하지 않
겠는가. 그로부터 허공이 홀로 드러나 여전히 봄이 와서
꽃이 피었던 것이다."

또 말씀하시기를,

"우리 세존世尊께서 멸도滅度한 지 삼천 년이 가까운
데 바른 법(正法)이 지금보다 더 쇠퇴한 적은 없었다. 왜
그러냐 하면 선교禪教의 무리들이 제각기 견해를 달리하
기 때문이다.

교학자教學者들은 마치 찌꺼기에 탐착하여 바다에
들어가 모래를 세는 것과 같아서, 교教를 말할 때에 사람
의 마음을 바로 가리켜 깨달아 들어가는 문이 있는 줄을
알지 못하고 곧 사견邪見에 떨어져 있으며, 선학자禪學者
들은 이른바 본래부터 부처(本來佛)가 되었으므로 미혹迷
惑도 없고 깨침도 없으며, 범부도 없고 성인도 없으며, 닦
을 것도 없고 증證할 것도 없으며, 인因도 없고 과果도 없
다 하여, 도둑질과 음행과 술 마시기와 고기 먹기를 마음

대로 감행하니 어찌 가엾지 아니한가.

　이 일을 밝히고자 한다면 모름지기 바닷속에 들어가 육지를 다닐 수 있는 수단과 번갯불 속에서 바늘귀를 꿰는 눈을 갖추어야 할 것이다.”

　게송을 읊으시되,

　“사람의 머리는 날마다 희어가고
　산빛은 언제나 푸르러 있네
　사람과 산을 모두 잊어버리면
　흰 것도 없고 푸른 것도 없으리.”

　주장자를 세워 법상을 한 번 울리고 자리에서 내려오시다.

1949년 4월 15일 해인사 가야총림

하안거 결제 법어

법상에 올라 말씀하셨다.

"세월이 흐르는 물과 같아 때는 바야흐로 첫 여름이 되었다. 선객禪客들이 구름처럼 모여 현묘玄妙한 법을 듣고자 하니 바로 이때에 나는 무슨 말을 해야 할까.

천성千聖이 눈을 활짝 뜨니 이 대지에는 조그만 티끌도 없고, 앉아서 조사祖師의 관문을 뚫으니 온 누리에 갈 길이 없도다. 만약 이렇게만 된다면 다시는 더 할 말이 없겠으나 그렇지 못하면 이 산승山僧의 다음 게송을 들으라.

주장자를 던져버리고

다시는 사방으로 떠돌지 말라.

여섯 나라만 평정平定할 수 있다면

누가 내 진군眞君을 어지럽게 하리."

'결제 법문은 이것으로 마친다' 하고 또 말씀하시기를,

"출가한 대중은 무엇을 구하려 하는가? 의식衣食을 구하려 하는가, 명리名利를 구하려 하는가, 재색財色을 구하려 하는가? 그 모두가 아니라면 그럼 무엇을 구하려 하는가? 오직 한 가지 일(一件事)이 있으니 이제 내가 그대들을 위해 말하리라.

자기 한 몸만을 위해 머리를 깎고 물들인 옷을 입으며 계율을 지키고 아란야(阿蘭若:寂靜處)에 살면서 해탈을 얻으려 한다면 그것은 참 출가出家라 할 수 없다.

크게 정진하는 마음을 내어 일체 중생의 번뇌를 끊고, 계율을 깨뜨리는 이로 하여금 청정한 계율에 머물게 하고, 생사에 윤회하는 중생들을 잘 교화하여 해탈을 얻게 하며, 광대한 네 가지 한량없는 마음(四無量心 : 慈·悲·喜·捨)으로

일체 중생을 두루 이롭게 하고, 일체 중생들을 모두 큰 열반에 들게 하여야 비로소 참 출가라 할 수 있다. 자기 한 몸만의 해탈을 구하는 것이 아니라 자리自利 이타利他의 행이 원만하여야 마침내 유한遺恨이 없을 것이다.

또 사슴이 기린 되고 닭이 봉 되며, 뱀이 용 되고 자라가 거북 되며, 개가 사자 되고 범부가 성인된다는 것이 어찌 그리 쉬운 일이겠는가. 그러나 사람으로서 스님이 된다는 것은 더욱 어려운 일이다. 왜냐하면 여러 겁 동안의 은애恩愛가 깊고 무거운 그 부모와 형제와 처자를 모두 멀리 여의고 출가하여 산에 들어와 행하기 어려운 것을 능히 행하고 참기 어려운 것을 능히 참으면서 일대사一大事를 환히 깨달아야 네 가지 중한 은혜(四重恩)를 갚을 수 있기 때문이다.

옛사람의 말에, 금불金佛은 화로火爐에 견뎌내지 못하고 목불木佛은 불에 견뎌내지 못하며 토불土佛은 물을 견뎌내지 못한다 하였으니, 그 세 부처는 모두 참 부처가 아니기 때문이다. 오늘 대중은 이번 여름 안거 동안에 화로에 들어가도 녹지않고, 불에 들어가도 타지 않으며, 물에 들어가도 풀리지 않을 그런 참 부처를 제각기 조성造成

해야 할 것이다."

주장자로 법상을 한 번 울리고는 자리에서 내려오시다.

1949년 5월 15일 해인사 가야총림

법상에 올라 말씀하셨다.

"옛사람의 말에 '신령스런 광명이 어두어지지 않아 만고萬古에 빛난다(神光不昧 萬古徽猷). 이 문 안에 들어와서는 알음알이를 두지 말라(入此門內 莫存知解)'하였으니, 알음알이는 모두 정情에 속하고 일념一念은 곧 도道에 돌아가기 때문이다. 그러나 도道라는 한 글자를 나(曉峰)는 듣기를 좋아하지 않는다.

산승山僧이 오늘 특히 대중을 위해 문(八字門)을 활짝 열어 마음대로 드나들게 하리니, 삼세 부처님(三世諸佛)들도 이 문으로 드나들었으며, 역대 조사歷代祖師와 천하 선지식天下善知識도 이 문으로 드나들었고, 산승도 또한 이 문으로 드나든다. 그러므로 이 모임의 대중들도 이 문으로 드나들려거든 내 뒤를 따라오라.

옛날 마조馬祖 스님이 일원상一圓相을 그려 놓고 들어가도 치고 들어가지 않아도 친다 하였다. 그러나 오늘 산승은 활짝 문을 열어 놓았으나 들어가도 치지 않고 들어가지 않아도 치지 않는다. 마조 스님의 들어가도 치고 들어가지 않아도 치는 것과, 이 산승이 들어가도 치지 않고 들어가지 않아도 치지 않는 것과 그 거리는 얼마나 되는고?

이 산승의 열어 놓은 팔자문八字門은 말할 것 없거니와 마조 스님이 그린 일원상一圓相은 지금도 멸하지 않고 원만한 그대로 있으니 대중은 그 일원상을 보는가? 만일 그 원상을 본다면 그것은 곧 마조를 보는 것이니라.”

또 말씀하시기를,

“불자佛子가 이런 경지에 머무르는 것은 곧 부처님의 수용受用이 되느니라. 만일 언제나 그 가운데 머물면 다니거나 섰거나 앉거나 눕거나 친히 가고 친히 오면서, 각자의 한 가닥 신령스런 광명이 고금古今을 꿰뚫고 천지를 다 덮어 어떤 물건도 장애되는 것이 없고 어떤 일도 상대되는 것이 없을 것이다. 당장에 그런 줄을 믿으면 그것은 많은 힘을 들이지 않고도 온몸의 소유가 될 것이니 어찌 분외分外의 일이라 하겠는가. 그러나 만일 그렇지 못하면 이른바 소를 타고 소를 찾으며 불을 들고 불을 찾는 것이니 대중은 아는가?"

한참 있다가 이르시기를,

"만 길 벼랑에 몸을 던져버리니 바로 옛날의 그 사람이다. 만일 그것을 말하려 한다면 그것은 본래 청정한 것이거늘 무엇하러 문자文字와 언설言說을 빌릴 것인가. 다만 어떤 경계에도 마음이 없으면 그는 곧 무루지無漏智를 얻은 것이다. 그러므로 대중이 다니거나 섰거나 앉거나 눕거나 일체의 언설 등 유의법有爲法에 집착하지 않으면 입을 열고 눈을 깜박이는 것이 모두 무루법無漏法이다.

슬프다. 오늘날 말세에 이른바 선禪을 공부한다는

무리들은 모든 소리와 빛깔에 집착하면서 왜 자신의 그 마음을 허공처럼 비우지 못하는가. 생사生死를 벗어나려 한다면 그 마음이 마른 나무나 돌멩이와 같고 불 꺼진 찬재와 같아야 비로소 조금 상응相應할 것이다. 만일 그렇지 못할 때는 다른 날 저 염라 늙은이의 철퇴를 면하지 못할 것이다. 가사袈裟를 입고서도 사람의 몸을 잃는다면 어찌 통탄하지 않겠는가."

게송을 읊으시되,

"한 가닥 활로活路를 그대 위해 열었나니
더디면 더딘 대로 빠르면 빠른 대로 마음대로
오가거라
해 저물어 혹 머무를 곳 없어지면
문득 밝은 달을 만나 티끌 속을 벗어나리."

주장자를 세워 법상을 한 번 울리고 자리에서 내려오시다.

1949년 6월 1일 해인사 가야총림

하안거 반산림 법어

법상에 올라 말씀하셨다.

"여기 모인 대중들이여, 사월 보름 결제結制할 때 우리는 같은 마음과 같은 걸음으로 90일 동안 십만 팔천 리 줄곧 달려가기로 서로 약속했었다. 그러나 노소의 차이가 있고 남녀의 차이가 있으며, 근기根機의 차이가 있고 더디고 빠른 차이가 있어, 어떤 이는 백 리를 채우지 못하고 어떤 이는 몇백 리를 갔으며, 어떤 이는 몇천 리를 갔고 어떤 이는 몇만 리를 갔으며 어떤 이는 이미 십만 팔천 리에 도달했을 것이니, 각자는 모두 자기 발밑을 향해 점검點檢 해 보라."

주장자를 세워 법상을 한 번 울리고 말씀하시기를,

"비록 방망이 끝에서 모두 깨닫더라고 덕산德山 스님을 등진 것이며, 할喝 밑에서 모두 알아차리더라도 임제臨濟 스님을 매장하는 것이거늘, 하물며 되는 대로 지껄여 이렇다 저렇다 함부로 평할 수 있겠는가. 이 산승山僧은 입이 어눌하고 대중은 눈이 희미하거늘, 설령 그 귓가에 향수해香水海를 가져다 쏟고 그 눈앞에 수미산須彌山을 가져다댄들 무슨 소용이 있겠는가."

한참 있다가 게송을 읊으시되,

"천만 번 이리저리 가꾸고 다듬은들
어찌 그 천진天眞의 모습을 보기만 하랴
뿔난 사자는 발톱이 쓸데없고
여의주如意珠 지닌 용은 그물에 걸림 없느니라."

이와 같이 반산림 법문半山林法門을 마치고 다시 말씀하셨다.

"나는 또 옛사람의 예를 들어 대중들과 함께 생각해 보리라. 옛날 어떤 중이 한 노스님을 모시고 있을 때, 그 노스님이 별안간 허공을 향해 침을 두 번 뱉었다. 중이 그 침 뱉는 뜻을 물었더니, 노스님은 '고요한 가운데서 갑자기 보리菩提와 열반涅槃을 생각하였기 때문에 침을 뱉었다'라고 하였다. 대중이 만일 그때 거기 있었다면 그 노스님의 그 행동을 그대로 보아 넘겼겠는가? 혹은 그대로 넘기지 않았다면 어떻게 했겠는가? 대중은 각자 일러보라."

대중이 말이 없자 말씀을 이으시기를,

"만일 이 산승이 그 중이었다면 이렇게 말했을 것이다. '스님, 다시 한번 침을 뱉었어야 옳았을 것입니다.' 왜냐하면 그 고요함은 그대로 있었기 때문이다. 무릇 도를 배우는 사람은 한 찰나라도 생사生死를 헤아리면 곧 마도魔道에 떨어질 것이요, 한 찰나라도 어떤 견해를 일으키면 외도外道에 떨어질 것이다. 생生이 있음을 보고 멸滅로 나아가려 하면 곧 성문도聲聞道에 떨어질 것이요, 생이 있음은 보지 못하고 멸이 있음만을 보면 곧 연각도緣覺道에 떨어질 것이다. 법法이란 본래 생기는 것이 아니므로 이제 와서 또한 멸함도 없는 것이니, 두 가지 견해를 일으키지 않고 좋아하거나 싫어함이 없이 모든 법이 오직 마음임을 알아야 비로소 불승佛乘에 계합契合하게 될 것이다.

범부들은 다 경계를 따라 마음을 내고 그 마음은 좋고 싫음을 따른다. 그러므로 만일 경계를 없애려면 먼저 마음을 잊어야 하나니, 마음을 잊으면 경계가 비고 경계가 비면 마음이 멸한다. 마음을 잊지 않고 그 경계를 없애려 하면 그 경계를 없애지 못할 뿐 아니라 그 마음만 어지럽게 될 것이다. 그래서 모든 법은 오직 마음에 있다고 한 것이다. 그러나 그 마음도 또한 얻을 수 없는 것이니 무엇을 또 구하겠는가.

여기 모인 대중들이 생사를 벗어나고자 하거든 먼저 어떤 경계에도 흔들리지 말아야 한다. 어떤 경계, 즉 모든 부처님이 와서 맞이한다거나 내지 갖가지 길상吉相이 앞에 나타나더라도 그 마음이 그것을 따라가지 않아야 하며 어떤 나쁜 경계, 즉 나찰羅刹이나 아귀 등 흉상凶相이 앞에 나타나더라도 마음에 두려움이 없어야 한다.

이와 같이 된다면 그는 온 법계에서 대자유大自由를

얻어 어떤 일에도 걸림이 없을 것이니, 이것은 『화엄경』의 도리이며 삼세三世 부처님의 안심입명安心立命한 경지이며, 여기 모인 대중의 안심입명할 곳이다. 이밖에 또 무슨 별다른 일이 있겠는가.

만약 참선을 말한다면, 온전히 살고 온전히 죽는 이는 빠르고, 반쯤 살고 반쯤 죽는 이는 더디다. 왜냐하면 온전히 살고 온전히 죽는 이는 바른 생각을 쉽게 돌이킬 수 있지만, 반쯤 살고 반쯤 죽는 이는 망녕된 생각을 쉬기 어렵기 때문에 거기에는 더디고 빠름의 차별이 있는 것이다."

게송을 읊으시되,

"언제나 자기 코끝의 뾰족한 것만 보고
남의 눈동자 모가 난 것은 묻지 말라
만일 이와 같이 수행해 가기만 하면
어디를 가나 도량道場 아닌 곳이 없으리."

법상에서 내려오시다.

11

1949년 6월 15일 해인사 가야총림

법상에 올라 말씀하셨다.

"이 산승이 공문空門에 몸을 던진 지 이제 25년이 되었다.

그동안 신심信心 있는 시주施主에게서 받은 옷은 얼마나 되며 시주로부터 받은 음식은 얼마나 될 것인가. 신심 있는 시주의 힘으로 집을 지어 거기서 받은 편의는 얼마나 되며, 신심 있는 시주에게서 받은 약은 또 얼마나 될 것인가.

그런데 그 20여 년 동안에 내가 한 일은 무엇인고? 부처도 몰랐고 조사祖師도 몰랐으며, 선禪도 모르고 교敎도 몰랐다. 그러나 이 산승은 모름(不識)이란 두 글자(二字)로 인해 위에서 말한 시주의 네 가지 은혜(四事施恩)를 다 갚은 것이다. 왜냐하면 모름이란 이 두 글자에는 두 가지 글귀가 있으니 첫째는 천하天下 사람들의 혀끝을 끊은 글귀요, 둘째는 인천人天의 눈을 활짝 열게 한 글귀이기 때문이다.

그러므로 여기 모인 대중들이 만일 이 두 글자의 뜻을 바로 드러낸다면 그는 나와 함께 밑 없는 배(無底船)를 타고 물결 없는 바다(不波海)를 건널 수 있겠지만, 그렇지 못하면 우선 30년 뒤를 기다려야 할 것이다."

게송을 읊으시되,

"메아리 없는 골짝에 어떤 사람 있어
늙지도 병들지도 또한 죽지도 않네
내 이제 그에게 생년월일生年月日 물으니
손을 들어 멀리 한 조각 땅(一片地)을 가리키네."

법상에서 내려오시다.

12

1949년 7월 15일 해인사 가야총림

하안거 해제 법어

법상에 올라 말씀하셨다.

"우리 형제들이여, 결제한 뒤로부터 오늘에 이르기까
지 90일 동안 승두繩頭를 굳게 잡고 힘줄이 끊기고 뼈가
부서지도록 한바탕 애를 써서 모두 구름이 흩어지고 달
이 밝아 모든 번뇌가 끊어졌으리라. 그러나 투철한 눈으
로 볼 때는 그것은 바로 땅을 파서 하늘을 찾는 것이며,
나무에 올라가 물고기를 잡는 것이니 그릇되고 그릇된
짓이다."

한참 있다가 이르시되,

"만일 그릇되지 않은 길을 밟으려거든 막야鏌鋣 보배 칼을 빼어 수미산須彌山을 잘라버리고 다시 북두北斗를 잡아서 낮종을 쳐라"

하시고 주장자를 들고 좌우에 물으시기를,

"이것이 무엇인고?"

어떤 중이 "주장자입니다" 하자 스님은 "주장자만 알고 이 산승의 뜻은 모르는구나"하고는 곧 주장자를 세우고 이르시기를,

"이것이 즉卽하여 작용한 것인가, 여의고 작용한 것인가? 어묵동정語默動靜을 여의지 않고 한 마디 일러보라. 어묵동정을 떠나서 한 마디 하기는 쉽거니와 어묵동정을 떠나지 않고 한 마디 하기는 참으로 어려우니라."

대중이 말이 없자 곧 이르시되,

"토끼뿔 지팡이를 거꾸로 짚고 무위無爲의 산을 돌아다녀야 비로소 될 것이다. 결제結制 당시에 이르기를 금불金佛은 용광로에 견뎌내지 못하고, 목불木佛은 불에 견뎌내지 못하며, 토불土佛은 물에 견뎌내지 못한다 했다. 용광로에 들어가도 녹지 않고 불어 들어가도 타지 않으며 물에 들어가도 풀리지 않는 불상佛像을 이번 여름 안거 구십 일 동안에 각자 조성造成했으리라 믿는다.

이 산승은 그 불상을 봉안奉安할 법당法堂을 건축하기 위하여 4월 16일에 기공起工해서 7월 14일에 준공竣工하였으니, 만일 대중이 그런 불상을 조성하였거든 점안點眼하여 봉안하도록 하라."

대중이 말이 없자 이르시기를,

"만일 조성하지 못했다면 주먹으로 금강산金剛山을 때려 무너뜨리고 입으로 동해수東海水를 단번에 마셔버려야 비로소 되느니라."

또 말씀하시기를,

"곧 마음이 부처(卽心是佛)이니라. 위로는 모든 부처님으로부터 아래로는 미물 곤충에 이르기까지 모두 불성佛性이 있기 때문에 그들은 동일한 심체心體이니라. 그러므로 고조高祖 달마達摩 대사가 서천西天으로부터 와서 오직 일심一心의 법을 전하시면서 중생들을 가리켜 본래 부처(本來是佛)라 하신 것이다. 지금 자심自心을 알고 자성自性을 구할 것이요, 새삼스레 따로 다른 부처를 구하지 말아야 하느니라.

어떻게 자심을 깨우쳐야 하는가. 지금 말하는 이것이 곧 자심이니, 말도 하지 않고 또 동작도 하지 않으면 그 심체心體는 허공과 같아서 모양도 없고 장소도 없는 것이다. 그렇다고 해서 그것은 전연 없는 것이 아니고 있어도 보지 못할 뿐이다.

그러므로 어떤 조사는 '진성眞性을 심지心地에 감추었음이여, 참 심성心性은 머리도 없고 꼬리도 없구나. 그러면서 인연因緣을 따라 중생을 교화하니 그것을 방편으로 지혜라 하느니라'고 하신 것이다.

인연을 따르지 않을 때에도 '있다 없다'라고 말할 수 없고, 인연을 따를 때에도 또한 그 자취가 없는 것이니,

이미 그런 것임을 알았다면 부처가 있는 곳에도 머물지 말고 부처가 없는 곳에서도 빨리 지나가거라. 이것이 곧 모든 부처의 길을 가는 것이다. 그러므로 경전에, '집착이 없이 그 마음을 내어라(應無所住 而生其心)'고 한 것이 바로 그것이다.

일체 중생이 생사에 윤회하는 것은 그 뜻이 내닫는 마음을 반연攀緣하기 때문이니, 그 때문에 쉬지 않고 육도六途를 돌아다니면서 갖가지 고통을 받는다. 그러므로 부처님께서 '마음이 생기면 모든 법이 생기고(心生卽種種法生), 마음이 멸하면 모든 법이 멸한다(心滅卽種種法滅)'고 하신 것이다.

모든 법은 다 마음으로 된 것이다. 심지어 지옥이나 천당도 모두 마음으로 된 것이니, 만일 지금 무심無心을 공부하여 온갖 인연을 죄다 버리고 분별 망상을 내지 않으면 거기는 천당도 지옥도 없으며, 너도나도 없고 탐욕도 성냄도 없고, 미움도 사랑도 없다. 취함도 버림도 없어서 본래 청정한 자성이 바로 나타날 것이니, 그것이 곧 보리의 법(菩提法)을 기르는 것이다.

만일 이 뜻을 알지 못하면 아무리 널리 배우고 많이

듣고 부지런히 수행하면서 풀뿌리와 나무 열매로 주린 창자를 달래고 송락松落과 풀옷으로 그 몸을 가리더라도 그는 사도邪道를 행하는 사람이라 끝내는 천마天魔나 외도外道가 되고 말 것이다.

그 마음이 항상 산란하여 안정되지 않으면 아무리 삼승三乘, 사과四果, 십지十地를 다 배워 알더라도 그는 아직 범부의 자리에 앉아 모든 행이 다 무상無常으로 돌아가고 그 힘이 다할 때가 있을 것이다. 그것은 마치 허공을 향해 쏜 화살이 그 힘이 다하면 다시 땅에 떨어지는 것처럼 그들도 각각 생사의 윤회로 돌아갈 것이니, 이런 수행은 부처님의 뜻을 알지 못하고 부질없이 고통만 받을 것이다. 어찌 큰 잘못이 아니겠는가.

오늘과 같은 해재解制하는 날에 옛사람은 말하기를 '아득한 만 리 한치 풀도 없는 곳을 향해 가라(向萬里無寸草處去)'라 하였으니 이것은 무슨 뜻인고?"

한참 있다가 이르시기를,

"보고 듣고 깨닫고 앎(見聞覺知)에 걸림이 없나니

빛깔과 소리와 맛과 감촉(色聲味觸)이 언제나
삼매三昧로다."

법상에서 내려오시다.

1949년 8월 1일 해인사 가야총림

법상에 올라 말씀하셨다.

"영가永嘉 스님의 말에 '마음은 감관이요 법은 경계이
다(心是根 法是塵). 그러나 그것은 다 거울 위의 흔적과 같
은 것이니, 마음의 때를 모두 지워버리면 비로소 광명光明
이 나타나고, 마음과 법을 모두 잊어버리면 그 성품이 곧
진실眞實이다'라고 하셨다. 이 말은 망상妄想을 쉬고 마
음을 닦는 방편方便으로 가장 친절한 것이다. 그러나 그
것은 저 나그네가 부질없이 그런 말로 후학後學들로 하여
금 깨진 기왓장 속에 그대로 머물게 하는 것이다. 이 산승
山僧은 그렇지 않고 이렇게 말하리라.

조계曹溪의 거울에는 본래 티끌이 없는데 깨끗한 그 성품에 무슨 흔적이 있겠으며, 처음부터 덮이지 않았는데 무엇이 다시 나타나겠는가. 이 광명은 허망한 것도 아니요 진실한 것도 아니다."

주장자로 법상을 한 번 울리고 이르시되,

"눈 밝은 사람 앞에 어두움이 석 자(三尺)로다."

또 말씀하시기를,

"도를 배우는 사람에게는 백 가지 지혜가 하나의 무심無心만 못한 것이니, 그 마음에 집착이 없으면 뒷생각이 저절로 이어지지 않을 것이다. 그러므로 무심의 법(無心法)을 얻으려거든 그 마음이 항하恒河의 모래처럼 되어야 하느니라. 왜냐하면 모든 부처님과 보살과 범천梵天과 제석천帝釋天 등 여러 하늘이 밟고 가거나 오더라고 그 모래는 기뻐하지 않고, 소, 말, 개, 돼지, 독사, 개미, 땅강아지들이 밟고 가거나 오더라도 그 모래는 성내지 않으며, 금,

은 등 보물과 향, 꽃 등을 거기에 뿌리더라도 그 모래는 탐내지 않고, 썩고 더러운 물건들을 던지더라도 그 모래는 싫어하지 않기 때문이다.

우리들 마음 쓰는 것(用心)도 그러해야 하나니, 만일 단박에 무심無心하지 못하면 아무리 많은 겁을 두고 수행하더라도 끝내 도를 이루지 못할 것이다.

다음에는 모두 버리는 것이다. 안팎의 마음과 몸을 모두 버리고 지금까지 지은 복덕福德도 모두 버리며 모든 경계에 마음이 집착함이 없는 것을 모두 버림이라 한다.

『금강경』에 말한 바와 같이, 과거의 마음도 얻지 못한다(過去心不可得) 하였으니 그것은 과거를 버리는 것이요, 현재의 마음을 얻지 못한다(現在心不可得) 하였으니 그것은 현재를 버리는 것이며, 미래의 마음을 얻지 못한다(未來心不可得) 하였으니 그것은 미래를 버리는 것이다. 이렇게 삼세三世의 일을 모두 버려야 비로소 불도佛道를 이룰 수 있는 것이니, 위에서 말한 무심無心과 버림의 궁극 목적은 부처 되는 데(成佛)에 있다.

부처에는 삼신三身이 있으니 이른 바 법신法身・보신報身・화신化身이다. 법신불은 자성自性의 허통虛通한 법을 말하고, 보신불은 일체의 청정한 법을 말하며, 화신불은 육도만행六度萬行의 법을 말한다. 그러므로 법신불은 설법하되 언어, 문자, 음성, 형상 등을 빌지 않고 다만 자성自性의 허통虛通한 법만을 말할 뿐이니 그러므로 '가히 말할 법 없는 것이 바로 설법인 것이다'라고 하신 것이다.

보신불과 화신불은 설법하되 언어, 문자 등을 빌어 오직 세간 출세간의 법만을 말하므로 '그것은 참 부처가 아니며, 또 설법이 아니다'라고 하신 것이다.

위에서 삼신불三身佛을 말하였지만 그것은 다 한 정명(一精明)에서 나온 이치이니, 한 정명이 나뉘어져 육화합六和合이 된다. 한 정명이란 마음이요, 육화합이란 육근六根이다. 육근六根은 다 진塵과 합하는 것이니 구체적으로 말하면 눈은 빛깔과 합하고 귀는 소리와 합하며, 코는 냄새와 합하고 혀는 맛과 합하며, 몸은 감촉과 합하고 뜻은 법과 합한다.

이렇게 육근六根과 육진六塵이 화합해 육식六識을 내는 것이니, 이것이 바로 십팔계十八界다. 그러나 만일 이 십팔계가 본래 아무것도 없는 것임을 알면 그 여섯 가지 화합을 거두어 한 정명(一精明)이 될 것이다. 이 한 정명(一

精明)이란 곧 마음(卽心)이다.

옛날 세존께서 가섭을 불러 자리를 나누어 주고 마음을 전하시니 그것이 곧 말을 떠난 설법이다. 만일 그 분부하신 도리를 깨우쳐 알면 아승지겁 阿僧祇劫을 지내지 않더라도 곧 부처의 자리(佛地)에 오를 것이다."

주장자를 세워 법상을 한 번 울리고 이르시기를,

"이 삼계三界의 불타는 집에 누가 그 큰 법왕法王인고? 그는 석가도 아니요 미륵도 아니다. 오직 대중의 눈동자에 맡기노라."

법상에서 내려오시다.

14

1949년 8월 15일 해인사 가야총림

법상에 올라 말씀하셨다.

"한 곳(一處)을 통하면 천 곳 만 곳을 일시에 통하고, 한 글귀(一句)를 깨달으면 천 글귀 만 글귀를 일시에 깨달으리라. 그렇다면 어떤 것이 그 한 곳이며 어떤 것이 그 한 글귀인고? 눈 밝은 대중은 말해 보라."

대중이 말이 없자 게송을 읊으시되,

"저 달이 모든 물에 비추니
모든 물도 저 달에 비추네

단풍잎이 허공에 날리니 삼계三界가 가을이요
샘물이 바다에 드니 시방세계十方世界에 흐르더라.

비록 이것을 분명히 말하더라도 이 산승山僧의 문하
에 와서는 아픈 매를 면하지 못할 것이니, 어떻게 하면 그
것을 면하겠는가?"

한참 있다가 말씀하시기를,

"이 법(是法)은 본래 평등本來平等하여 높고 낮음이 없
고 길고 짧음이 없다. 이른바 평등이란 산을 무너뜨려 바
다를 메우는 평등이 아니요, 또 학의 다리를 꺾어 오리 다
리에 잇는 그런 평등이 아니다. 높은 것은 높은 그대로 두
고 낮은 것은 낮은 그대로 두며 긴 것은 긴 것대로, 짧은
것은 짧은 것대로 두는 것이니, 그래야 비로소 참 평등이
라 할 수 있다. 다만 법이란 다 그런 것임을 알면 모든 물
건은 저절로 평등해질 것이다."

게송을 읊으시되,

"팔월 보름날 밤에

달이 구름 속에 들락날락하네

달만 보고 구름은 안 보니

삼천세계가 모두 달뿐이로다.

대중에게 묻노니 이것이 천상의 달(天上月)인가, 인간
의 달(人間月)인가?"

법상에서 내려오시다.

15

1949년 9월 1일 해인사 가야총림

법상에 올라 말씀하셨다.

"경에 말하기를 '내 가르침은 이자(伊字, ∴)의 세 점(三點)과 같나니, 첫째는 동쪽을 향해 한 점(一點)을 찍어 모든 보살의 눈을 뜨게 하고 둘째는 서쪽을 향해 한 점을 찍어 모든 보살의 수명을 찍고, 셋째는 위쪽을 향해 한 점을 찍어 모든 보살의 머리를 찍느니라'하였다.

석가 세존의 교의敎意는 그렇지만, 이 산승山僧의 선의善意는 그렇지 않다. 즉 동쪽을 향해 한 점을 찍고서는 모든 보살의 눈을 멀게 하고, 서쪽을 향해 한 점을 찍고서는 모든 보살의 목숨을 끊고, 위쪽을 향해 한 점을 찍고서는 모든 보살의 머리를 떨어지게 하리라. 이미 정령正令이 있으므로 곧 시행施行해야 하리니, 오늘 이 산승은 대중의 머리에 한 점을 찍으리라."

주장자를 세워 법상을 한 번 울리고 한참 있다가 이르시되,

"아주 영리한 사람이면 이 한 말에 단박에 그 근원根源을 알 것이다."

또 말씀하시기를,

"산승山僧은 명리名利를 위해 여기 온 것이 아니다. 그러면 무엇하러 왔는가. 다만 그 사람을 얻기 위해서이다. 여기 모인 대중 가운데 주장자를 가로 메고는 풀을 헤치고 바람을 거스르면서 동서남북을 마음대로 행각行脚하고 돌아다니는 납자가 있으면 말해 보라. 과연 본래의 전지(本來田地)를 밟아 보았는가. 만일 그러지 못했다면 헛되이 살다가 허망히 죽는 것이다. 대개 사문沙門 석자釋子

는 있는 것도 없다고 보아야 하는 것이니, 어디로 가든지 범성凡聖과 평등하고 해박解縛과 평등해야 비로소 조금 상응相應이 있을 것이다.

과거 여러 스님들의 문정門庭의 시설은 제각기 다르지만 학인學人을 지도하는 방법에 있어서는 모두 친절했다. 그중에서 가장 친절한 이가 상세上世에는 육조六祖 스님이요, 중세中世에는 조주趙州 스님이며, 하세下世에는 보조普照 스님이니, 이상 삼가三家의 친절한 언구言句를 말해 보리라.

육조 스님이 열반에 들려고 할 때 어떤 제자가 물었다.

'화상께서 지금 가시면 언제 돌아오시겠습니까?'

스님은 답하기를 '잎이 떨어져 뿌리로 돌아갔으니 올 때는 말이 없으리라(葉落歸根 來時無口)'고 하셨다.

조주 스님께 어떤 중이 '개한테도 불성佛性이 있습니까?'하고 물었을 때 스님은 '무無!'하고 대답하였다.

보조 스님께 어떤 중이 '부처란 무엇입니까?'라고 물었을 때 스님은 '환불幻佛 말이냐, 진불眞佛 말이냐?'라고 되물었다.

'부처에도 환진幻眞이 있습니까?'

'있느니라.'

'어떤 것이 환불입니까?'

'삼세三世의 모든 부처이니라.'

'어떤 것이 진불입니까?'

'그대가 바로 진불이니라.'

이상이 모두 가장 친절한 언구言句이다. 그러므로 이 산승은 상세上世로는 육조를 섬기고 중세中世로는 조주를 섬기며 하세下世로는 보조를 섬긴다.

이 산승의 법량法量은 그분들에 비해 만 분의 일에도 미치지 못하지만 '친절'이란 두 자에 이르러서는 조금도 손색이 없으리라. 그러므로 대중이 법을 물을 때에는 반드시 친절해야 하는 것이니, 그래야만 그 대답도 또한 친절할 것이다. 실답게 참구하고 실답게 깨치어라."

법상에서 내려오시다.

16

1949년 9월 10일 해인사 가야총림

가사불사架裟佛事 회향 법어

법상에 올라 말씀하셨다.

"세존의 금란가사錦襴架裟는 정각正覺의 인因을 짓고 가섭迦葉이 전한 가사는 조사祖師의 어머니가 되었다. 오늘 이 가사는 세존의 금란가사도 아니요 가섭이 전한 가사도 아니다. 그러면 이 가사는 어떤 가사인고?

세존의 금란가사는 가섭이 그것을 받아 지니고 계족산鷄足山에서 선정禪定에 들어 머물면서 용화회상龍華會上의 미륵불이 세상에 나오시기를 기다리고 있으니, 그것은 부처에게만 국한되고 조사에게는 통하지 않으며, 가섭이 전한 가사는 육조六祖에 이르러 전해지지 않았으니 그것은 조사에게만 국한되고 범인凡人에게는 통하지 않는다.

그러나 이 가사는 부처와 조사에게 국한되지 않고 범부와 성인에 다 통한다. 그러므로 오늘 대중은 이것을 입고 싶으면 입고 벗고 싶으면 벗으며, 전하고 싶으면 전하고 주고 싶으면 주라. 입고 벗기에 자재自在하고 전하고 주기에 걸림이 없으니, 이것이야말로 부처도 아니요 범부도 아닌 큰 해탈의 옷(大解脫服)이며, 또 천상도 아니요 인간도 아닌 큰 복밭의 옷(大福田衣)이다."

게송을 읊으시되,

"누가 알리 육조六祖가 전하지 않은 뒤에
오늘 이 산승이 이것을 얻어 입을 줄을
사해四海에 바람이 없어 물결이 거울 같으니
천마天魔도 외도外道들도 침노하지 못하네."

또 이같이 말씀하셨다.

"옛날 아사세 왕이 가사를 지어 문수사리文殊師利에

게 공양할 때, 문수사리는 그 자리에서 몸을 숨겨 나타나지 않았다. 그렇게 차례로 여러 보살菩薩과 성문聲聞들에게 공양하는데 그들도 또한 그러하였으므로 왕 자신이 입었으니 그도 몸을 나타내지 않았다. 그리하여 그는 크게 깨쳤으니 옛사람들은 참으로 신기하였던 것이다.

그러면 나는 지금 대중에게 묻노니, 오늘 신심 있는 신도가 가사袈裟를 지어 내게 공양하기에 나는 그것을 입었는데 그러면 나는 지금 몸을 나타내었는가, 몸을 숨겼는가? 만일 몸을 나타내었다 한다면 대중은 어떤 것을 보며, 몸을 숨겼다 한다면 대중이 보지 못하는 그것은 어떤 것인가? 여기에 이르러 어떻게 해야 하겠는가?"

대중이 말이 없자 대신 이르시기를,

"숨기고 나타냄이 동시다. 또 공덕에 두 가지가 있으니, 하나는 안 공덕(內功德)이요 다른 하나는 바깥 공덕(外功德)이다. 모양이 없는 것을 안 공덕이라 하고, 모양이 있는 것을 바깥 공덕이라 한다. 안 공덕이란 망상을 쉬고 마음을 닦아 바로 안의 심성을 나타내는 것이며, 바깥 공덕이란 부처를 조성하고 탑을 만들며 스님들을 공양하고 가사불사 등을 짓는 일이다.

　　이번 불사에 동참한 대중은 이 인연 공덕으로 그믐날 밤에 밝은 달을 보고 천 년 묵은 복숭아 씨에서 매화를 얻을 것이다. 오늘 구월九月 십일十日에 한바탕 불사를 마치면서 대중스님들을 위해 말후의 한 글귀(末後一句)를 설명하노니 그것은 마하반야바라밀摩訶般若波羅密이로다."

　　법상에서 내려오시다.

17

1949년 10월 15일 해인사 가야총림

동안거 결제 법어

법상에 올라 말씀하셨다.

"이번 겨울 결제(冬結制) 90일 동안에 대중 각자가 만일 일을 마치지 못하면 맹세코 머리를 끊어야 하리라. 이일(此事)을 두고 말한다면 길면 90일이요 짧으면 7일이니라.

죽음 가운데 삶이 있고 삶 가운데는 비밀이 있으니, 그것은 빽빽하여 틈이 없고 미세한 티끌도 일지 않는다. 그때에 있어서는 은산銀山이요 철벽鐵壁이라, 나아가려 해도 문이 없으며 물러나려 해도 길이 없도다. 만 길의 깊은 구렁에 떨어진 것 같아서 사면이 다 벼랑이니라. 만일 그가 용맹스런 장부라면 이렇다저렇다 물을 것 없이 곧 몸을 뛰쳐 뛰어나올 수 있겠지만, 한 찰나라도 머뭇거리면 부처도 그를 구제하지 못할 것이다.

그중에는 참선한다 자칭하고 방석에 앉아 졸음과 망상 속에서 아무것도 깨닫지 못하는 이가 있으니, 그는 한갓 세월만 허송할 뿐 아니라 시주의 시물施物도 소화시키지 못할 것이다. 만일 이 모임에 그런 무리가 있다면 한 방망이로 때려 내쫓아 활인活人의 콧구멍에 악취惡臭가 들어가지 못하게 할 것이다."

또 말씀하시기를,

"좋은 의사(良醫)는 병을 다스릴 때 먼저 그 근본을 진단하는 법인데, 그 근본을 알게 되면 무슨 병이든지 다 고칠 수 있다. 우리 형제들 중에는 주장자를 가로 메고 풀을 헤치고 바람을 거스르면서 10년 내지 20년을 돈독히 믿고 하나(一)를 닦으면서 생사生死를 밝히지 못하는 이가 있다. 거기에는 두 가지 이유가 있으니, 첫째는 그 근본根本을 찾아내지 못한 데 있다. 너와 나라는 분별은 바

로 생사의 근본이요, 생사生死는 너와 나라는 분별의 지
엽枝葉이다. 이 지엽을 없애려면 먼저 그 근본을 없애야
하는 것이니 근본이 없어지면 어떻게 지엽이 있을 수 있
겠는가.

둘째는 하나의 큰 보배 창고(一大寶藏)가 그 속에 있
다는 사실을 전연 모르는 데 있다. 이 보배 창고는 남에게
서 얻는 것이 아니라 오로지 자기의 믿음(信)이라는 한 글
자에서 발견되어야 한다. 그것을 믿으면 큰 실수가 없겠
지만 그것을 믿지 못하면 아무리 여러 겁을 지내더라도
끝내 얻지 못할 것이다.

또 경학經學을 공부하는 사람에게 한 마디 하리라.
무릇 경론經論을 공부하는 사람은 무엇을 위해서인가. 그
것을 세간법世間法에 비하면, 의학자는 병원을 차려 놓고
모든 사람의 병을 고치는 데에 그 목적이 있고, 사업가는
갖가지 사업을 경영하는 데에 그 목적이 있으며, 법학자
는 행정이나 사법으로 국민들을 위해 봉사하는 데에 그
목적이 있는 것이다.

이와 같이 경학을 공부하는 사람도 불조佛祖의 어록
語錄을 공부하여 불조가 되는 문에 들어가 실천하는 데에

그 목적이 있으니, 그같이 하면 학인과 교수가 다 이롭겠지만, 그렇지 못한다면 그것은 자신과 타인을 다 속이는 일이다."

주장자를 들고 말씀하시기를,

"부처의 참 법신(眞法身)은 허공과 같아서 사물事物을 따라 형상을 나타내는 것이 마치 물속의 달(水中之月)과 같다."

법상을 한 번 울리고 나서 이르시기를,

"석가 늙은이(釋迦老人)가 오셨다. 대중은 보는가?"

다시 법상을 한 번 울리고 이르시기를,

"일대장교一大藏敎를 한 말로 다 말했는데 대중은 들었는가? 이 언구言句를 진실로 보고 진실로 들으면 그밖에 딴 일이 없느니라. 그러나 천 리 밖을 다 보려면 다시 한

층의 누각(一層樓)에 올라가야 한다. 대중에게 묻노니 그
한 층 누각이 어디 있는고? 대중은 정신을 바짝 차리라!"

법상에서 내려오시다.

18

1949년 12월 1일 해인사 가야총림

동안거 반산림 법어

법상에 올라 말씀하셨다.

"일체一切가 범부의 법(凡夫法)인데 범부가 알지 못하며, 일체一切가 성인의 법(聖人法)인데 성인도 알지 못한다. 그러므로 범부라도 그것을 알면 그는 곧 성인이며, 성인이라도 그것을 모르면 그는 곧 범부이니라. 이와 같이 이 한 이치(一理)에 두 가지 뜻(二義)이 있으니, 만일 이것을 가려내면 그는 무위법無爲法에 들어가리라.

결제結制한 지도 이미 달 반이 지났는데 오늘 대중의 용심用心은 어떤 경지에 있는가. 깨달음을 등지고 번뇌와 합하지나 않았는가? 안팎의 마음과 경계가 훤하여 서로 걸리지 않는가? 공안公案을 참구하는 이외의 일은 모두 마업魔業인 줄을 아는가? 아침저녁으로 조금이라도 게으르지 않는가? 주림과 추위에 생각이 흔들리지 않는가?

언제나 살펴보고 부지런히 돌이켜 보다가 조금이라도 습기習氣가 일어나면 그 자리에서 곧 쉴 것이요, 부디 그것을 따르지 말고 또 그것을 없애려고도 하지 말라. 만일 습기를 따르지 않으면 범부의 정情에 떨어지지 않을 것이요, 그것을 없애지 않으면 이승二乘의 단혹斷惑에 떨어지지 않을 것이니, 다만 심성心性과 상응相應하면 깨달음의 지혜가 스스로 두렷이 밝아질 것이다.

또 옛사람의 예를 들어 말하리라. 옛날 분주汾州 무업선사無業禪師는 학인이 도를 물을 때마다 늘 답하기를 '망상하지 말라(莫妄想). 망상하지 말라(莫妄想)'하였다. 어느날 감원監院이 선사에게 말하기를 '세상에서 말하기를, 화상의 불법은 다만 일구一句뿐이라 합니다. 지금부터는 쉬라고 하십시오(休得也)'하였다. 그 뒤로 선사는 어떤 학자이건 도를 물으면 늘 답하기를 '쉬라'하였다. 그러면 여기 모인 대중은 일체의 망상을 다 쉬었는가? 우리는 날마다 아침에 일어나 저녁에 잘 때까지 그 하는 일이란 모두 망상뿐이며, 심지어 꿈속에서도 또한 망상이니, 망상이 한 번 일면 천만 가지가 모두 착각이어서 번뇌의 문을 열고 청정한 세계를 더럽히게 된다. 그러므로 그 망상의 근본을 알면 당장에 쉬게 되리니, 그것은 바로 청정한 본원(淸淨本源)이 되고 천진의 묘도(天眞妙道)가 될 것이다. 그러나 그 망상의 근본을 알지 못하면 삼계三界에 윤회하고 사생四生에 빠져 여기서 나와 저기에 들어가고, 저기서 나와 여기에 들어오면서 잠깐도 쉬지 못할 것이다.

나는 오늘 대중과 좁은 길에서 만났으니, 여러 대중은 저 무업선사와의 한 가닥 인연을 생각하고 이 산승山僧의 두 글귀 게송을 외우라.

망상하지 말라, 부디 망상하지 말라
모르겠구나 한종일 누구 위해 그리 바쁜고
만일 바쁜 그 속의 참 소식을 알면
한 송이의 연꽃이 불속에서 피리라.

쉬어라, 어서 쉬어라
덧없는 이 환질幻質이 얼마나 가리

내 집 속에 천진불天眞佛이 거기 있거니
부디 헐떡거리면서 밖을 향해 찾지 말라."

또 말씀하시기를,

"삼업三業의 청정함을 부처가 세상에 나왔다 하고
삼업三業의 더러움을 부처가 세상에서 멸했다 하네
자성과 부처(自性佛)를 친견코자 하려거든
오로지 신구의身口意 삼업三業을 항상 깨끗이 하라.

이 말은 사람을 속이는 말이 아니니 부디 잊지 말고
잘 명심하라."

법상에서 내려오시다.

19

1949년 12월 8일 해인사 가야총림

성도절成道節 법어

법상에 올라 말씀하셨다.

"내 일찍 들건데 우리 부처님 세존께서는 임오년壬午年 12월 8일(臘月八日) 새벽에 샛별을 보고 도를 깨치실 때, 이 대지의 중생들과 함께 정각正覺을 이루셨다 한다. 석가 노인은 그만두고 여기 모인 대중은 그 정각 이룬 것을 과연 알고 있는가? 만일 알고 있다면 각각 한 마디씩 말해 보라."

대중이 말이 없자 이르시기를,

"이 이치를 알려거든 밤마다 새벽에 우는 나무닭 소리(木鷄聲)를 들어 보라."

또 이르시되,

"샛별이 나타날 때 도道를 깨쳤다 하였으니, 그 도란 어떤 물건이며 또 그 형상은 어떤 것인가? 모난 것인가 둥근 것인가. 긴 것인가 짧은 것인가. 파랑인가 노랑인가. 빨강인가 흰 것인가.

만일 그것이 모나거나 둥글거나 길거나 짧거나 파랑이거나 노랑이거나 빨강이거나 흰 것이라 한다면, 빛깔이나 형상이 없는 것은 도가 아닐 것이다. 도란 본래 이름이 없는 것이지만 마음을 일러 도라 한 것이다. 도가 이미 거짓 이름이라면 부처도 또한 그렇고, 부처가 거짓 이름이라면 중생도 또한 그럴 것이니 그렇다면 결국 어떤고?"

게송을 읊으시되,

"만일 여래如來 께서 어떤 깨침 있었다 하면

그는 바로 여래를 비방함이나 다름 없네.

사십오 년 동안 그의 횡설수설은

우는 아기 달래는 방편方便이었네."

법상에서 내려오시다.

1950~1954

20

1950년 1월 7일 해인사 가야총림

기신론산림起信論山林 회향 법어

법상에 올라 말씀하셨다.

"지금 여러 대중은 한 마음 한 정성(同心同誠)으로『대승기신론大乘起信論』산림을 다 마쳤다. 그러면 거기서 마명대사馬鳴大士를 친견하였는가? 마명대사를 참으로 친견하려면 모름지기 문자文字 밖을 향해 눈을 돌려야 한다."

또 말씀하시기를,

"문자文字가 있는『대승기신론』의 논주論主는 마명

대사이지만 문자 없는 대승기신론의 논주는 누구인고? 다시 묻노니 이『대승기신론』이 말세 중생의 신근信根을 키웠는가, 혹은 말세 중생의 신근을 끊었는가?

만일 그것이 말세 중생의 신근을 끊었다면 마명대사는 나를 위해 밝은 스승이 되었다고 할 수 있겠으나, 그것이 말세 중생의 신근을 키웠다면 마명대사는 내 원수가 될 것이다.

이 말을 환히 알아 의심이 없다면 이번 산림山林을 원만히 회향(圓滿廻向)한 것이다. 그러나 그렇지 못하다면 닷새 동안 헛되이 신시信施만 받음이 될 것이니라."

게송을 읊으시되,

"『대승기신론大乘起信論』을 펼쳐 볼 때에
마명대사 참 면목(眞面目)이 거기에 있네
친히 보고 또 묘한 법음法音 듣나니
그 얼굴은 팔과 같고 입은 눈썹과 같네.

이 회향 법문에는 세 가지 단계(三段)가 있으니, 대중은 각기 잘 명심하고 명심하라."

주장자로 법상을 한 번 울리고 자리에서 내려오시다.

21

1950년 1월 15일 해인사 가야총림

동안거 해제 법어

법상에 올라 말씀하셨다.

"오늘은 마침 좋은 때다. 우수雨水는 이미 지나고 경칩驚蟄이 가까왔으니 낙동강洛東江 얼음도 풀렸겠구나. 그러므로 만 길 깊은 못에서 신룡神龍을 낚아 올리리라."

법상을 한 번 울리고는,

"이 법구法句는 삼세三世 부처님들도 다 말할 수 없고 역대조사歷代祖師도 다 말할 수 없다. 왜냐하면 과거의 불조佛祖들은 모두 입이 없기 때문이니라."

한참 있다가 이르시되,

"나는 한 찰나에 이 법구法句를 다 말하였다. 육근六根의 구애를 받지 않는 이는 다 분명히 들었을 것이다. 그런데 내가 지금 무슨 말을 하였는가?"

대중이 말이 없자 이르시기를,

"왜 말하지 않는가. 입이 없는가? 무릇 납자衲子의 안목은 대용大用 앞에 사소한 절차는 구애받지 말아야 한다. 비록 말하기 전에 모두 알았다 하더라도 눈에 닿으면 생각을 일으키고, 말끝에 모두 알아차리더라도 경계에 부딪치면 곧 걸린다. 그런데 지금 대중을 보건데 예전에 배운 알음알이를 따라 미혹하여 본래면목을 아득히 모르고 있구나.

그 일이 만일 말에 있다면 삼승십이분교三乘十二分敎가 모두 말인데 무엇 때문에 새삼스레 교외별전敎外別傳을 말하겠는가. 그렇다면 나쁜 지식과 견해를 모두 없애버리고 앞뒤가 끊어진 곳에 한 생각이 곧 상응相應 해야 하는 것이니, 그래야만 비로소 사자아獅子兒라 할 것이다. 그러나 만일 흑산黑山 밑의 귀굴鬼窟 속에 앉아 화두話頭를 들어 깨달았다고 자칭한다면, 그런 선객禪客들은 효봉曉峰의 제자(門下人)가 아니요 바로 송장을 지키는 귀자鬼子일 뿐이니라."

또 이르시기를,

"지옥地獄의 고통은 고통이 아니다. 가사를 입고도 큰일(大事)을 밝히지 못한 채 사람의 몸을 잃어버리는 그것이 고통 중의 고통이다. 내가 본래 이곳에 온 것은 무엇을 위해서인가. 그것은 명예를 위해서도 아니며 의식을 위해서도 아니다. 다만 이 가운데 사람을 얻기 위해서이니 금년 안에 하나나 반이라도 얻는다면 여기 모인 대중과 이곳에서 목숨을 마치겠지만, 만일 그렇지 못하면 여러분을 버리고 푸른 구름과 함께 떠나가리라."

게송을 읊으시되,

"토끼뿔 지팡이(兎角杖)를 둘러 메고

거북털 산(龜毛山)을 두루 돌아다니다가

길에서 어떤 노인(一老人)을 만났더니

그는 성도 없거니와 이름조차 없더라.

그러면 대중에게 묻노니 그 노인의 성명姓名은 무엇

인고? 속히 일러라. 이르지 못하면 그대들 허리를 꺾어 두

동강을 내리라."

주장자로 법상을 한 번 치시고 자리에서 내려오시다.

22

1950년 2월 15일 해인사 가야총림

열반재 涅槃齋 법어

법상에 올라 말씀하셨다.

"우리 부처님 세존께서 지금부터 2899년 전 임신년
壬申年 2월 15일, 열반회상涅槃會上에서 손으로 가슴을 어
루만지면서 대중에게 고하시기를 '그대들은 내 자마금색
紫磨金色의 몸을 잘 보고 우러러봄으로써 만족하여 다시
는 후회하지 말라. 만일 나를 멸도滅度했다 하더라도 그
는 내 제자가 아니며, 나를 멸도하지 않았다 하더라도 그
는 내 제자가 아니다'라고 하셨다.

그러면 지금 대중에게 묻노니, 어떻게 해야 부처님의
제자(佛弟子)가 되겠는가? 이 말끝에 머리를 돌리지 못하

면 그는 부처님의 적자嫡子는 고사하고 서자庶子도 되지 못할 것이다. 그러나 그때 그 열반회상에 참으로 영리한 사내가 있어 대중 가운데서 나와 '세존이시여, 세존께서 멸도에 드신다 해도 세존께서는 제 본사(我本師)가 아니며 멸도에 드시지 않았다 해도 제 본사가 아닙니다'라고 하였더라면, 그 석가 노인으로 하여금 몸 둘 곳이 없게 하였을 것이다. 대중은 각기 점검點檢해 보라."

게송을 읊으시되,

"오늘에 이 가슴이 더욱더 아프나니
선림禪林과 교망敎望이 거의 무너지려 하네.
어찌 알았으리 부처님 떠난 지 삼천 년 뒤에
슬프다 우리 아이들 이어받지 못하는구나."

주장자로 선상禪床을 한 번 크게 울리고 자리에서 내려오시다.

23

1950년 3월 15일 해인사 가야총림

법상에 올라 말씀하셨다.

"나는 요즘 탐욕(貪)과 분노(瞋)와 우치(癡)로 살아가 노라. 대중 가운데서 누가 이 삼독三毒으로 살아가는 이 가 있다면 이리 나와서 나와 같이 생각해 보자."

대중이 말이 없자 이르시기를,

"산에 사는 사람이라야 될 수 있다. 대개 출가出家한 사람은 반드시 부처의 뜻(佛意)을 알아야 하는 것이니, 부 처의 뜻을 알려면 부처의 행(佛行)을 지녀야 하고, 부처의 말(佛語)을 하려고 하면 반드시 부처의 뜻을 알아야 한다. 그 일은 남녀와 노소와 귀천에 관계없는 것이니 다만 그 집의 빈부貧富를 따라 안락安樂을 얻게 될 것이다.

그리고 부처의 뜻을 알지 못하면 아무리 머리 위에서 물을 내고 발밑에서 불을 내며, 겨드랑이에서 바람을 일으키고 구름 일어나듯 비 쏟아지듯 설법하며, 삼승십이분교三乘十二分敎를 강설할 때에 천상의 꽃이 수없이 쏟아질지라도 그것은 다 마군의 말(魔說)이다. 그러나 부처의 뜻을 안 뒤에는 입만 벌리면 그 한 마디 반 마디의 말이 모두 부처의 말(佛說)이 될 것이다.

지금 대중을 둘러보면 모두 나이 젊고 몸이 튼튼하며 어떤 어려움도 당하지 않았으니 그 좋은 때를 놓치지 말고 부디 정진해야 하느니라. 모든 부처와 조사(諸佛諸祖)를 알려고 하면 무명의 마음(無明心) 그 속에서 알아야 하며, 영원히 무너지지 않는 몸(常住不壞之身)을 얻고자 하면 만물萬物의 변천하는 그 속에서 깨달아야 하느니라."

게송을 읊으시되,

"실實답게 참구하여 실답게 깨치고 실답게 수행해야
비로소 생사生死에서 큰 자재自在를 얻으리니
실實이란 한 글자를 잊지 않으면
마침내 혀끝에서 연꽃 피는 것을 보리라."

법상에서 내려오시다.

24

1950년 4월 8일 해인사 가야총림

법상에 올라 말씀하셨다.

"오늘 우리 부처님 세존께서 지금으로부터 2977년 전 갑인년甲寅年 4월 8일四月八日 정반왕궁淨飯王宮에 태어나시어 일곱 걸음을 두루 걷고는 오른손으로 하늘을 가리키고 왼손으로 땅을 가리키면서 '천상천하 유아독존 天上天下唯我獨尊'이라고 하셨다. 그 뒤 운문선사雲門禪師 는 이 말에 대해 '만일 내가 그때 있었더라면 한 방망이로 때려 잡아 개에게 먹여 천하를 태평케 하였으리라' 했으 니 고인古人의 이 말은 참으로 기특하다 할 수 있다. 그러 나 그것은 도적이 지나간 뒤에 활 시위를 당긴 것이다. 왜냐하면 '천상천하 유아독존'이라는 그 표현의 소식은 이미 삼천대천 세계에 두루했거늘 한 방망이로 때려죽인들 무슨 이익이 있겠는가."

주장자로 선상을 한 번 울리고 나서 말씀하시기를,

"만일 내가 그때 있었더라면, 그가 어머니 태에서 나와 입도 열기 전에 그 콧구멍을 막아 숨도 못 쉬게 하고 죽여 천상천하天上天下를 모두 태평케 하였으리라. 그렇게 하였더라면 부처라는 이름도 글자도 없고, 중생이라는 이름도 글자도 없었을 것이다. 중생과 부처가 없는데 무슨 선악善惡이 있겠으며, 선악이 없는데 무슨 인과因果가 있겠으며, 인과가 없는데 무슨 고락苦樂이 있겠는가? 그러나 갑인년 4월 8일에 탄생하시고 29세에 출가出家하여 설산雪山에서 6년 동안 고행(六年苦行)하시다가, 임오년壬午年 12월 8일 밤에 샛별을 보고 도를 깨치시고 45년 동안 설법說法하시다가 임신년壬申年 2월 15일에 큰 열반(大涅槃)에 드셨으니, 그동안 사과四果를 얻은 이가 한량 없었고 대승大乘을 증득한 이가 적지 않았다. 그것은 능히

죽이고 살리는 법문法門이다. 그러나 부처를 죽이는 자도
나요, 부처를 살리는 자도 나다. 그러면 나를 죽이는 이는
누구이며 나를 살리는 이는 누군고?

　이 법문을 들으면 비록 믿지는 않더라도 그 들은 그
공덕으로 염불念佛하는 이는 극락에 왕생하고, 십선十善
을 닦는 이는 천상에 나며, 참선參禪하는 이는 빨리 정각
正覺을 이룰 것이다."

　계송을 읊으시되,

"세존께서 설산雪山에 들어가시어
한 번 앉아 어느새 육년六年이 지났는가
샛별 보고 도를 깨쳤다 하셨으니
나타낸 그 소식은 삼천세계에 두루했네."

법상에서 내려오시다.

25

1950년 4월 15일 해인사 가야총림

하안거 결제 법어

법상에 올라 말씀하셨다.

"우리 형제가 동서남북東西南北에서 모두 여기 모여 왔으니 무엇을 구하기 위해서인고, 부처를 구하기 위해서 라면 내가 곧 부처인데 무엇 때문에 부처가 부처를 구하 려는가. 그것은 바로 물로써 물을 씻고 불로써 불을 끄려 는 것과 같거늘, 아무리 구한들 무슨 이익이 있겠는가.

그러므로 알아야 한다. 여러 대중은 다행히 본래 다 일 없는 사람(無事人)이거늘 무엇 때문에 고통과 죽음을 스 스로 만드는가. 그것은 들것을 찾다가 옥을 떨어뜨려 잃 는 격이니, 만일 그렇게 마음을 쓰면 벗어날 기약이 없을 것이다. 각자의 보물 창고(寶藏)에는 모든 것이 다 갖추어져 있으니, 그 끝없는 수용受用 을 다른 데서 구하지 말라.

한 법(一法)도 할 것이 없고 한 법도 버릴 것이 없으며, 한 법의 생멸生滅 하는 모양도 볼 수 없고 한 법의 오고 가는 모양도 볼 수 없는 것이니, 지금부터 모든 것을 한꺼번에 쉬어버리면, 온 허공계와 법계가 털끝만한 것도 자기의 재량財糧이 아닌 것이 없을 것이다. 만일 이런 경지에 이르면 천불千佛이 세상에 나오더라도 나를 어떻게 할 수 없을 것이니, 생각지도 말고 찾지도 말라. 내 마음은 본래 청정(自心本來淸淨)한 것이니라.”

게송을 읊으시되,

“만사萬事 를 모두 인연因緣 에 맡겨 두고
옳고 그름에 아예 상관하지 말라.
허망한 생각이 갑자기 일어나거든
한칼로 두 동강을 내어 버려라.

빛깔을 보거나 소리를 듣거나

본래 공안公案에 헷갈리지 말지니

만일 이와 같이 수행修行하면

그는 세상 뛰어난 대장부大丈夫이리.

그런데 그 속의 사람(箇中人)은 고요하고 한적한 곳을 가리지 않는다. 내 마음이 쉬지 않으면 고요한 곳이 곧 시끄러운 곳이 되고, 내 마음이 쉬기만 하면 시끄러운 곳도 고요한 곳이 된다. 그러므로 다만 내 마음이 쉬지 않는 것을 걱정할 것이요, 경계를 따라 흔들려서는 안 된다. 경계는 마음이 아니요 마음은 경계가 아니니, 마음과 경계가 서로 상관하지 않으면 걸림 없는 한 생각이 그 앞에 나타날 것이다.

우리 형제들이 삼 년이나 몇십 년 동안에 바른 눈을 밝히지 못한다면 그것은 자기 소견에 집착하기 때문이니, 그럴 때는 선지식善知識을 찾아 공안公案을 결택決擇해야 한다. 그러나 현재에 그런 선지식이 없을 때에는 고인古人의 어록語錄으로 스승을 삼아야 하느니라. 또 우리가 날마다 해야 할 일은 묵언默言하는 일이니, 아는 이는 말하지 않고 말하는 이는 알지 못한다. 그러므로 옛사람의 말

에, '말이 많고 생각이 많으면 가는 곳마다 걸린다' 하였
으니 이 어찌 믿지 않을 것인가."

게송을 읊으시되,

"그대가 고향에서 왔으니
아마 고향의 일을 알 것이다
떠나는 날 그 비단창 앞에
매화꽃이 피었던가?"

주장자로 선상을 한 번 울리고 이르시기를,

"맑은 밤 삼경三更에 별들이 반짝이고
강성江城 오월五月에 매화꽃 떨어지네."

법상에서 내려오시다.

26

1950년 여름 해인사 가야총림

문성니재일文成尼齋日 법어

법상에 올라 말씀하셨다.

"연기와 구름이 흩어지니 외로운 달이 스스로 밝고, 모래와 자갈이 다 없어지니 순금이 저절로 드러난다. 이 일도 그와 같아서 미친 마음(狂心)이 쉬면 그곳이 바로 보리菩提이니라. 이 깨끗하고 미묘하고 밝은 성품(性淨妙用)은 남에게서 얻은 것이 아니며 밖에서 구할 것도 아니니 다만 자기가 안으로 살필 뿐이다.

그러므로 우리 부처님 세존께서 처음으로 이 일(此事)을 깨치고 푸른 연꽃 같은 눈으로 시방세계를 두루 관찰하시고는 탄식하여 말씀하시기를 '딱하고 딱하도다. 내가 일체 중생을 관찰하니 모두 여래如來의 지혜智慧와 덕상德相을 갖추고 있건만 망상妄想과 집착執着으로 그것을 깨닫지 못하고 있구나. 그러므로 망상만 떠나면 무사지無師智와 자연지自然智와 무애지無碍智가 모두 나타날 것이다'라고 하셨으니, 부처님은 진실을 말하는 분이신데 어찌 우리를 속이겠는가.

　　만일 이 이치를 믿거든 당장 서슴지 말고 처단하여 아주 쉬어버리면 곧 온갖 풀잎 끝(百草頭)에 조사의 뜻(祖師意)이 분명해질 것이다. 그 경지에 이르게 되면 벗어버려야 할 생사生死도 없고 구해야 할 열반涅槃도 없다. 왜냐하면 거기는 생사가 없으므로 그 본체는 치우침과 원만함(偏圓)이 끊기었고, 생각은 비록 옮겨 흐르나 본래의 묘한 광명은 홀로 빛나기 때문이다. 만일 그 뜻을 잃으면 여러 겁의 수행도 헛된 노력일 것이요, 그 미묘한 문(妙門)에 들어가면 단박에 부처를 이룰 것이다."

　　주장자를 세워 선상을 한 번 울리고 이르시되,

　　"문성文成 영가여, 위에서 말한 법문法門을 알겠는가?

알 수 있다면 천당天堂과 불찰佛刹을 마음대로 소요할 수 있겠지만 혹 그렇지 못하거든 이 산승山僧의 말후末後의 게송을 들으라."

게송을 읊으시되,

"아득하여라, 저 공겁空劫 밖에
따로 한 천지天地 있나니
그 집안 사람들은 늙지도 않고
그 산의 나무들은 뿌리가 없네."

법상에서 내려오시다.

1950년 5월 15일 해인사 가야총림

법상에 올라 말씀하셨다.

"우리 집 형제들은 바로 이때를 당해 안심처安心處를 얻어야 한다. 안심처를 얻으면 아무리 어려운 가운데 있더라도 걱정할 것이 없지만, 안심처를 얻지 못하면 때를 따라 마음이 흔들려 언제고 안락安樂하지 못할 것이다."

주장자를 세워 선상을 한 번 울리고 말씀하시기를,

"여기 모인 대중 가운데 혹 좌선坐禪하는 이가 있는가? 좌선하는 이가 있다면 한 방망이로 때려 내쫓아 이 법석法席을 더럽히지 않게 하리라. 이 말을 듣고 눈을 뜬 납자衲子는 부디 높은 곳에 눈을 두어야 할 것이니, 그중에 혹 알아차리지 못할 이가 있을까 하여 이제 간단히 설명하리라.

법성法性은 본래 움직이지 않고 항상 고요하며 탕탕蕩蕩하여 그 끝이 없는데, 그 마음을 취하고 버리는 사이에 두기 때문에 그 경계의 역순逆順을 따라 흔들린다. 그러므로 만일 그런 무리들이 생각을 거두고 삼매三昧에 들어 좌선하며 경계를 거두고 마음을 편안히 해 깨치려 한다면, 그는 마치 만들어진 목인木人이 수도修道하는 것과 같거늘 어떻게 피안彼岸에 이를 것인가. 그러나 무지한 사람(無智人) 앞에서는 이런 말을 하지 말라. 그대들 몸을 때려 천 조각 만 조각을 내리라."

또 말씀하시기를,

"우습고 우스워라. 일체 중생이 제각기 한 가지씩 다른 견해見解를 고집하여 다만 지짐판에 가서 전(餠) 얻어 먹을 줄만 알지 근본으로 돌아가 밀가루 볼 줄은 모르는구

나. 밀가루는 정사正邪의 근본이므로 사람의 생각을 따라 갖가지를 만드는 것이니, 필요함을 따라 이것저것을 만들 것이요. 한 가지만 치우쳐 사랑하거나 좋아하지 말라. 집착이 없으면 그것은 해탈解脫이요 구함이 있으면 그것은 결박繫縛이다."

게송을 읊으시되,

"자성自性이 본래 공空임을 깨달으면
마치 열병熱病 앓는 사람 땀낸 것 같네.
마음속에 너와 나의 분별分別 있으면
마주 대해서도 부처 면목面目 모르리.

본분납자本分衲子의 경지에 이르면 천지가 넓다지만 그것은 내 마음의 도량道場에 있는 것이요, 해와 달이 밝다 해도 내 눈동자에 미치지 못하며, 큰 바다가 아무리 평온하더라도 내 몸과 마음의 편안함만 못하고, 태산이 높고 견고하다 할지라도 내가 세운 서원誓願만 못하며, 송죽松竹이 곧다 할지라도 내 등뼈에 미치지 못하느니라.

취모의 지혜칼(吹毛慧劍)이 내 손에 있으니 병과兵戈의 난리가 두려울 게 없고, 큰 의왕(大醫王)의 신령스런 약(靈藥)을 항상 먹으니 질병의 근심이 영원히 없으며, 선열의 음식(禪悅食)이 항상 바리때에 가득하니 주릴 염려가 없고, 복밭의 옷(福田衣)을 겹겹이 입었으니 추위의 고통이 또한 없으며, 청량산淸涼散을 날마다 먹으니 삼복더위의 고통이 조금도 없다.

세간을 뛰어난 장부의 생활은 마땅히 이래야 하는데, 만일 그렇지 못하다면 송장을 끌고 도식盜食하는 자를 면하지 못할 것이다."

법상에서 내려오시다.

28

1953년 4월 15일 통영 용화사 토굴

하안거 결제 법어

법상에 올라 말씀하셨다.

"만약 이 일을 말한다면 남녀男女와 노소老少도 없고 출가出家와 재가在家도 없으며 구참舊參과 신참新參도 없고, 다만 그 당자(當人)의 결정적인 신심이 확고부동한 데에 있을 뿐이다. 대개 출가한 사람(出家人)이라도 깨달음을 등지고 티끌과 합하면 마군魔軍이 불당佛堂에 있는 것이요, 재가의 사람(在家人)이라도 깨달음과 합하고 티끌을 등지면 부처가 속가俗家에 있는 것이다.

또 어떤 이는 많은 날을 허비하지 않고 천리만리를 빨리 가며, 어떤 이는 일생을 행각行脚하여도 두 걸음 세 걸음도 나아가지 못하니, 사람의 근기根機는 이렇게 차별이 있는 것이다.

소위 참선한다는 사람(參禪人)으로서 방석에 앉아 혼침昏沈과 산란散亂의 두 마굴魔窟 속에 떨어져 있으면 그는 벌써 널쪽을 짊어진 놈이라, 어찌 활인活人과 함께 살 수 있겠는가.

오늘 대중들은 비록 호랑이를 그리다가 이루지 못해 개만 못할지라도 호랑이를 그려야지 개는 그리지 말아야 한다. 그것은 방편方便에도 있지 않고 점차漸次에도 있지 않은 것이니, 번갯불 속에 바늘귀를 꿰고 벼랑 끝에서 손을 놓는 뛰어난 근기라야 한다."

법상에서 내려오시다.

29

1953년 6월 1일 통영 용화사 토굴

하안거 반산림 시중示衆

굴중삼관窟中三關

1. 미륵산 속에 있는 큰 호랑이가 새끼를 낳았는데,
   반신半身은 개요 반신은 호랑이다. 그것을 호랑이
   라 할까, 개라 할까?

2. 하늘에 검고 흰 두 달이 있는데 검은 달은 서쪽에
   서 오고 흰 달은 동쪽에서 오다가 두 달이 서로 만
   나 합해서 한 달이 된다. 그것은 무슨 도리인고?

3. 삼계三界가 온통 뜨거운 화로인데 어떻게 하면 한

점의 눈(雪)을 불 속에서 얻을 수 있을까?

1954년 1월 15일 통영 용화사 토굴

동안거 해제 법어

법상에 올라 말씀하셨다.

"출가대중出家大衆과 재가대중在家大衆이 다 같은 석가여래釋迦如來의 제자로서, 작년 10월 15일에 여기서 삼보三寶의 증명으로 겨울 안거를 결제結制한 것은 무엇을 위해서였던가. 그것은 다만 생사대사生死大事를 위해서였다. 그런데 오늘 해제解制하는 날을 맞아 무슨 소득이 있는가? 어떤 소득이 있다면 대중은 각자 말해 보라."

대중이 말이 없자 이르시기를,

"아, 결제할 때는 내가 대중을 몰랐더니 해제할 때는 대중이 나를 모르는구나!"

게송을 읊으시되,

"내가 지금 중생계衆生界를 두루 살펴보니
나고 늙고 앓고 죽음(生老病死) 누가 면할고
만일 그 네 가지 고통 면하려거든
본래 생사生死 없는 곳을 깨달아야 하네."

또 말씀하시기를,

"생사生死가 끊어진 곳 바로 보리菩提이거니
그림자와 메아리 따르다가 바름을 잃지 말라.
알고 깨달아 계합하고 쓰는 것(知體契用) 참된 내 일이니
다만 이치를 깨달은 것 구경이 아니라오.

슬프다. 예사로 공부하는 말세 중생들이 구두선口頭 禪만을 배우고 실제의 이해는 전혀 없어 몸을 움직이면

유有를 행하면서 입을 열면 공空을 말한다. 스스로 업력業力에 이끌림을 알지 못하고 다시 남에게는 인과因果가 없다고 가르치면서, 도둑질과 음행이 보리菩提에 장애되지 않고 술을 마시고 고기 먹음이 반야般若에 방해되지 않는다 하니, 그런 무리들은 살아서는 부처님의 계율을 어기고 죽어서는 아비지옥에 빠질 것이다.

거기서 지옥의 업이 소멸된 뒤에는 다시 축생이나 아귀 세계에 떨어져 백천만 겁에 나올 기약이 없을 것이다. 그러므로 우리 대중은 한 찰나에 회광반조廻光返照하여 이치理致에 있어서는 일을 생각하고 일에 있어서는 이치를 밝혀, 다 같이 큰일을 마친 사람(了事人)이 되어 불조佛祖의 남기신 자취를 이어받기를 간절히 바라고 바란다."

게송을 읊으시되,

"온종일 주인主人을 찾았건만
온 곳 간 곳이 모두 다 없네.
다만 이 산중山中에 있으련마는
구름이 깊어 그곳을 알 수 없네.

만일 그 주인공主人公을 찾고자 하거든
한 생각에 번뇌 구름 없애버리라.
번뇌 구름 사라져 그 주인 보나니
그는 딴 사람 아닌 내 자신인 것을."

법상에서 내려오시다.

31

1954년 진주 연화사

법상에 올라 말씀하셨다.

"입을 열면 불조佛祖의 뜻을 어기고 입을 열지 않으면 대중大衆의 뜻을 어긴다. 어떻게 하면 불조와 대중의 뜻을 어기지 않겠는가?"

한참 있다가 이르시기를,

"불조佛祖는 내 원수요 대중은 내 친구로다. 일찍 듣건대 진주晉州의 불자들은 그 머리에 모양 없는 뿔이 났는데, 그 뿔이 부딪치는 곳에는 아무도 대적할 이가 없다

하니, 그 경지를 한번 말해 보라."

대중이 말이 없자 이르시기를,

"아 유쾌하다. 말이 없는 그 가운데 시방十方의 허공
이 다 무너졌도다."

또 말씀하시기를,

"내가 지금 중생 세계를 두루 보니, 나고 늙고 앓고 죽
음을 누가 면할고. 만일 이 네 가지 고통(四苦)을 면하려거
든 생사生死가 없는 그곳을 모두 깨쳐라. 생사가 없는 곳
이 곧 열반涅槃이요, 열반을 구하는 것이 바로 생사다. 그
러나 생사와 열반은 허공 꽃(空華)과 같아서 있는 듯하지
만 진실이 아니니, 생사를 싫어하지도 말고 또 열반을 구
하지도 말라.

수행문修行門에는 계율戒律과 선정禪定과 지혜智慧의
삼학三學이 있다. 계율은 탐욕을 다스리고, 선정은 분노
를 다스리며, 지혜는 우치愚癡를 다스린다. 이 탐욕과 분

노와 우치의 삼독三毒에는 네 가지가 있으니, 첫째는 범부凡夫의 삼독이요, 둘째는 이승二乘의 삼독이며, 셋째는 보살菩薩의 삼독이요, 넷째는 부처(佛)의 삼독이다. 범부의 삼독이란, 오욕五欲을 비롯하여 일체의 구함을 탐욕이라 하고, 매를 맞거나 모욕을 당하거나 기타의 모든 역경逆境에 대해 마음을 내고 생각을 일으키는 것을 분노라 하며, 바른 길을 등지고 삿된 길에 돌아가 바른 법을 믿지 않음을 우치라 한다.

이승二乘의 삼독이란, 즐겨 열반을 구하는 것을 탐욕이라 하고, 생사生死를 싫어하는 것을 분노라 하며, 생사나 열반이 모두 본래 공空인 것을 알지 못함을 우치라 한다.

보살의 삼독이란, 불법佛法을 두루 구하는 것을 탐욕이라 하고, 이승二乘을 천하게 여기는 것을 분노라 하며, 부처 성품(佛性)을 분명히 모르는 것을 우치라 한다.

부처의 삼독이란, 중생을 모두 구제하려는 것을 탐욕이라 하고, 천마天魔와 외도外道를 방어하려는 것을 분노라 하며, 45년 동안 횡설수설한 것을 우치라 한다."

게송을 읊으시되,

"탐욕貪慾이 원래 바로 그 도道이며
분노와 우치도 또한 그러하나니
이와 같이 삼독三毒 가운데에는
모든 불법佛法이 갖추어져 있네.

　나는 이제 대중에게 묻노니 이것이 바로 대중의 경계인가, 또는 저 문수文殊와 보현普賢의 경계인가? 대중의 경계라 해도 삼십방(三十棒)을 내릴 것이요, 또 문수와 보현의 경계라 해도 삼십방을 내릴 것이니, 어떻게 하면 그 삼십방을 면할 수 있을까?"

　대중이 말이 없자 말씀하시기를,

　"남강南江의 어부漁夫가 그 삼십방을 맞고 달아났도다."

　게송을 읊으시되,

　"그대가 고향으로부터 오니

아마 고향의 일을 알리라

떠나는 날 그 비단창 앞에

매화꽃이 피었던가 안 피었던가?"

법상에서 내려오시다.

32

1954년 7월 24일 비구승比丘僧
대회차 상경중 선학원에서

법상에 올라 말씀하셨다.

"입을 열면 불조佛祖의 뜻에 어긋나고 입을 열지 않으면 대중의 뜻에 어긋나니 어떻게 해야 불조佛祖의 뜻과 대중의 뜻에 어긋나지 않을고?"

인곡화상麟谷和尚이 "시자侍者야, 차를 올리고 예배드려라"하자 스님은,

"그런데 왜 나를 자리에서 내려오라 하지 않는가? 오늘 법문法門은 이로써 마치겠지만, 대중 가운데에는 내

법문에 만족하는 이도 있겠거니와 또 만족하지 못하는 이도 있을 것이다. 그러므로 다시 몇 마디 더 하리라. 오늘 나는 묘고산妙高山에 올라가 사방을 둘러보았다. 안에는 사상의 산(四相山)이 둘러 있고 밖에는 생사의 바다(生死海)가 둘러 있었으니, 어떻게 하면 그 사상의 산을 넘고 생사의 바다를 건널 수 있겠는가?"

대중이 말이 없자 곧 게송을 읊으시기를,

"누구나 사상四相의 산을 넘으려거든
토끼뿔 지팡이를 짚어야 하고
누구나 생사生死의 바다를 건너려거든
반드시 밑 빠진 배(無底船)를 타야 하리라.

만일 이 일을 이야기하려면 삼세 모든 부처님(三世諸佛)도 이 문으로 드나들었고, 역대의 조사(歷代祖師)도 이 문으로 드나들었으며, 천하의 선지식(天下善知識)도 이 문으로 드나들었다. 여기 모인 대중(時會大衆)은 어떤 문으로 드나들려는가?"

대중이 말이 없자 한참 있다가 말씀하시기를,

"이 문門이란 계율·선정·지혜의 삼학三學을 가리킴이다. 이 삼학三學은 마치 집을 짓는 것과 같으니 계율은 집터와 같고, 선정은 재목과 같으며, 지혜는 집 짓는 기술과 같다. 아무리 기술이 있더라도 재목이 없으면 집을 지을수 없고, 또 재목이 있더라도 터가 없으면 집을 지을 수없다. 그렇다면 이 삼학三學을 하나도 빠뜨릴 수 없는 것이니, 그러므로 이 삼학을 함께 닦아 쉬지 않으면 마침내정각正覺을 이루게 될 것이다.

우리 형제들이 이미 발심하여 공문空門에 들어왔다면, 세상 인연을 아주 끊고 불조佛祖의 가르침에 의해 이 삼학을 부지런히 닦아야 할 것이다. 그리고 공부하는 사람은 각각 저울을 가지고 날마다 닦는 공부의 그 무게를 검토할 때에 반야의 힘(般若力)과 무명의 힘(無明力)을 자세히 저울질해 보아야 할 것이다."

게송을 읊으시되,

"모든 선지식善知識이 여기 함께 모였으니
모두들 그 머리 위에 무상화無相華 피었구나
이 꽃이 떨어지는 곳에 그 열매 맺으리니
미친 바람이 그 꽃을 일찍 지게 하지 말라.

누가 있어 이 사자좌獅子座를 내게 맡기어
부끄럽다 오늘 나에게 여우 울음 울게 하는가
그러나 내게는 변신술變身術이 있어
또 한 생(一生)은 여우가 사자獅子로 변하였네."

법상에서 내려오시다.

1958~1960

33

1958년 10월 15일 동화사 금당선원

동안거 결제 법어

법상에 올라 말씀하셨다.

"오늘 장에 암소가 많이 나왔구나. 지나간 장에는 암소 한 마리를 팔아 수소 두 마리를 샀더니, 오늘 장에는 수소 한 마리를 팔아서 암소 세 마리 반을 샀다. 수소값이 올라갈 때가 좋은 시절이냐, 암소값이 올라갈 때가 좋은 시절이냐. 오늘 결제법문結制法門은 이것으로써 마친다.

옛날의 부처나 조사祖師는 내 원수이니 부처도 조사도 모두 원하지 말라. 그렇다면 이 뒤에 오는 사람들은 누구를 의지하여 법을 배우고 도를 닦을 것인가. 이 점은 내 입을 빌릴 것 없이 여기 모인 대중 자신이 돌이켜 생각해 보라. 불조佛祖가 어째서 내 원수인지 어서 일러라.”

주장자를 들어 법상을 세 번 치고 내려오시다.

1958년 11월 1일 동화사 금당선원

법상에 올라 말씀하셨다.

"옛날 고봉 문하高峰門下에 상벌賞罰이 분명했다는 말이 있는데 금일 효봉 문하曉峰門下에서 거듭 상벌을 밝히고자 한다. 내가 일찍이 선조先祖때부터 전해오던 보주寶珠를 몸에 지녔었더니 며칠 전에 그것을 잃어버려다. 선원禪院 대중大衆 이외에는 출입한 사람이 없으니 이것은 필시 선원禪院 대중 가운데서 어떤 사람이 훔쳤을 것인즉 곧 내게로 가져오너라. 우리 비구比丘가 수계시受戒時에 제2第二 불투도계不偸盜戒를 받지 않았는가. 또 비구니比丘尼 대중에 대해서 한 마디 하겠는데, 요즘 들으니 비

구니 중에 잉태한 사람이 있다고 한다. 이는 제3第三 불음
계不淫戒를 범하였으니 만일 있거든 나와서 참회하라."

비구와 비구니 측에서는 아무런 답이 없었다.

"내가 오늘 가없는 큰 바다(無邊大海)에서 용龍을 낚
으려고 낚시를 던졌더니 용은커녕 멸치 새끼 한 마리도
걸리지 않는구나. 그러나 비구측에서 보물을 훔쳤다는
사람이 나오고 비구니 측에서 잉태한 사람이 나온다면
오늘 이 효봉曉峰도 몸 둘 곳이 없고 입 벌릴 데가 없으리
라. 오늘 상벌법문賞罰法門은 이로써 이미 마쳤다.

산승(曉峰)이 요즘 뒷간에서 오는 사람은 종종 보았
으나 뒷간에 가는 사람은 좀처럼 보기 드물다. 왜냐하면
공부에 바쁜 생각을 가진 사람이 적기 때문이다. 망상妄想
피우지 말라. 망상이 원래 생사生死의 근본이니라. 화두話
頭를 성성惺惺하게 챙기라. 성성惺惺한 것이 원래 열반의
길이니라.

다시 한 마디 묻겠다. 이 대중 가운데 몸에 사마귀 없
는 사람이 있느냐?

이 사마귀는 육안肉眼으로 보지 못하니, 사마귀를 잘 볼 줄 알면 사마귀를 곧 떼내어 버릴 줄도 알아야 한다. 사마귀를 보도록 노력하라.

피눈물 흘려도 소용없으니
입 다물고 남은 봄을 보낼거나."

啼得血淚無用處

不如緘口過殘春

주장자를 세 번 울리고 법상에서 내려오시다.

35

1958년 11월 15일 동화사 금당선원

법상에 올라 말씀하셨다.

"오늘이 동짓달 보름인데 결제結制한 지 벌써 한 달이 지났다. 오늘이 15일이자 천상天上에는 만월滿月이요 인간에는 반월半月이니, 천상 만월天上滿月이 옳으냐 인간 반월人間半月이 옳으냐? 오늘 법문法門은 이것인데 생각이 있거든 답하라.

내가 법문 할 때마다 한 마디 던지는 것은 대중 가운데 일척안(一隻眼 : 뛰어난 안목)을 갖춘 이가 있는가 해서다. 확실한 증처證處대로 답하고 장난삼아 함부로 답하지 말라.

오늘 팔공산八公山 선불장選佛場에는 불알 있는 여자

와 불알 없는 남자가 함께 모였으니, 어떤 여자가 불알 있는 여자냐? 차라리 불알 있는 여자가 될지언정 불알 없는 남자는 되지 말라.

섣달 그믐날이 해마다 있는데, 그것이 우리 문중門中에는 셋이 있다. 첫째는 해마다 맞이하는 섣달 그믐날이요, 둘째는 죽는 날이며, 셋째는 견성見性하는 날이다.

첫째와 둘째는 원치도 말고, 셋째 섣달 그믐을 만나도록 힘쓰라. 정월正月 초하루는 범부凡夫를 벗어나는 날이니 모든 행동을 만삭이 된 부인의 몸 가지듯 하라.

예로부터 공부하다가 죽은 사람은 없다. 특히 내 문하門下에서는 정혜쌍수定慧雙修를 주장한다. 정定이란 모든 망상이 떨어진 것을 말한다. 정定이 없이 얻는 혜慧는 건혜乾慧다. 옛날 달마達摩스님이 이조二祖 혜가慧可에게 처음으로 가르치기를, '밖으로 모든 반연攀緣을 끊고 안으로 헐떡거림이 없어, 마음이 장벽과 같아야 도道에 들어갈 수 있다' 하였으니, 이것이 입도요문入道要門이다. 이렇게 해야 진정한 섣달 그믐 날을 맞이할 수 있다.

참선參禪할 때 눈을 감아서는 안 된다. 눈 감고 앉아 있는 것은 귀신鬼神 굴 속에 앉아 귀신 꿈을 꾸는 것이다.

일어날 때는 갑자기 일어나지 말고 몸을 서서히 흔들어 조신調身한 후에 일어나고, 얼마동안 경행經行할지라도 정력定力을 잊지 말 것이며, 다시 앉을 때에는 고요히 앉으면 정력定力이 여전하여 동정動靜이 한결같을 것이다. 오는 섣달 그믐날을 기약하고 밤이나 낮이나 애를 써서 정진精進하라.

　고인古人이 말씀하시기를, '이 몸을 금생今生에 건지지 못하면 다시 어느 생生을 기다려 건질 것인가' 하시니라."

　주장자로 한 번 치고 법상을 내려오시다.

36

1958년 12월 1일 동화사 금당선원

동안거 반산림 법어

법상에 올라 말씀하셨다.

"오늘이 반산림半山林인데 어찌하여 반산림인가. 공부工夫가 반인가, 90일 중에 45일이 반인가. 공부가 반이라 하는 사람은 문안으로 들어오고, 45일이 반이라 하는 사람은 문밖으로 나가라.

공부가 안 되는 것은 머리 때문이니 머리를 베어 나에게 맡기라. 잘 간직해 두었다가 칠통漆桶이 타파된 뒤에 돌려주리라."

대중이 말이 없자 이르시기를,

"피 한 방울 흘리지 않고 머리를 다 베었다. 고인古人이 말씀하시기를, '머리를 베고 삶을 찾는 것은 옳지 않다(斷頭覓活不是)'하였으나, 금일 효봉曉峰은 머리를 베었음에 삶을 찾는 것이 옳다 하리니, 그 거리가 얼마나 되겠는가.

오늘 머리 없는 놈이 내일에는 머리 둘 달린 부처(今日無頭漢 明日兩頭佛)이니라. 어떤 것이 머리 둘 달린 부처(兩頭佛)인고?

납월 팔일을 기해 용맹정진勇猛精進을 한다는데 경책警策을 기다리지 말라. 어느 여가에 경책을 기다릴 것인가. 옛날 나옹懶翁 스님은 칠일 용맹정진을 하실 때 가시나무로 담을 둘러싸고 알몸으로 그 속에서 정진하여 본분사本分事를 요달了達하셨으니, 대중도 신명身命을 다하여 용맹정진하라. 고인古人이 말씀하시기를, '언제 어디서나 실實답게 참구參究하고 실實답게 깨달으라' 하였으니, 자기 자신을 속이지 말아야 한다.

계戒가 없이 혜慧만 닦으면 건혜乾慧이므로 생사生死를 벗어나지 못하고, 계戒·정定·혜慧 삼학三學은 고불古佛 고조高祖의 출입문이므로 이 길이 아니면 외도법外道法이다. 또 정중定中에 화두話頭를 참구하는 사람은 정定과

혜慧를 함께 닦는 것이고, 정력定力이 없으면 화두가 자주 끊어진다.

그러므로 부처님께서 아난존자阿難尊者에게 말씀하시기를, '백년 동안 혜慧를 배우는 것이 하루 동안 정定을 익히는 것만 못하다(百年學慧 不如一日習定)'고 하셨으니, 부처님 말씀을 믿지 않고 누구의 말을 믿을 것인가.

정중定中에 화두를 투철히 깨쳐야만 생사生死에서 벗어날 수 있는데, 정력定力이 없는 혜慧는 공중의 누각樓閣과 같다. 근래 누구누구 하는 스님들이 입적入寂할 때 정신을 차리지 못한 것은 다 정력이 없기 때문이다. 정력이란 모든 번뇌를 끊는 칼이다. 그러기에 달마대사는 밖으로 모든 반연을 끊으라고 하였으니, 대중은 자기 마음을 돌이켜보아 힘껏 정진하여라."

게송을 읊으시되,

"두 갈래에 떨어지지 말고
발 붙일 수 없는 곳에 이르러
문득 위치 없는 사람을 만나면

바로 이것이 본래의 너니라.

不落二邊去

到無着脚處

忽逢無位人

正是本來汝

옛날 몽산화상蒙山和尙이 말씀하시기를, '상근上根은 칠 일이요, 중근中根은 한 달이며, 하근下根은 석 달이면 깨친다. 내 말대로 힘써도 깨치지 못하면 그대를 대신해서 내가 무간지옥無間地獄에 떨어질 것이다'라고 하였다.

여기 모인 대중도 생사生死 두 자(二字)를 떼어놓고 전력을 기울이라. 일 년에 오직 한 번뿐이니 이날이 지나가면 몸과 마음이 풀어질 것이다. 최후의 힘을 쓸지니라."

주장자를 세 번 울리고 자리에서 내려오시다.

37

1959년 4월 15일 동화사 금당선원

하안거 결제 법어

법상에 올라 말씀하셨다.

"오늘은 결제일結制日이다. 동화사桐華寺뿐만 아니라 천하총림天下叢林이 오늘 모두 그러하니, 발심發心해서 하는 결제냐, 그저 의례적으로 하는 결제냐. 발심자發心者라도 삼십방(三十棒)을 내릴텐데 하물며 의례적으로 하는 자이겠느냐. 그는 바로 밥도둑(饕餮)이니라.

고인古人이 말씀하시기를, 이와 같은 하근下根의 무리는 설혹 죽여버릴지라도 죄과罪果가 없다고 했으니 대중大衆은 성성착惺惺着 하라. 천지天地의 만물 가운데서 사람이 가장 귀한 존재라는데 어찌 물결을 따라 흐르다

가 죽어갈 것인가. 이 여름 동안에 간절히 참구參究하여
일대사인연一大事因緣을 마쳐야 할 것이다.

맺고 풀 게 없음이 참으로 내 일인데
부처와 조사가 내게 무슨 상관이랴
홀로 높은 다락에 올라 봄잠이 넉넉하니
부질없이 앉아서 자고새 울음 듣노라."

無解無結眞吾奴

黃頭碧眼猶他努

獨上高樓春睡足

等閑坐聽啼鷓鴣

주장자를 세 번 울리고 자리에서 내려오시다.

38

1959년 5월 15일 동화사 금당선원

법상에 올라 말씀하셨다.

"사월 보름 결제시結制時에 약속하기를, 고향故鄕을 떠난 지 오래됐으니 어서 고향으로 돌아가자 하였는데 고향길은 여기서 구천 리다. 하루 백 리씩 걷기로 하고 같은 날 같은 시각 같은 장소에서 출발하여 이미 한 달이 지났으니 적어도 삼천 리를 왔어야 한다. 각자 점검하라.

쇳덩이를 다루어 금을 만들기는 오히려 쉽지만 범부凡夫가 성인聖人되기는 참으로 어렵다. 이 일이 천상천하天上天下에서 가장 어려운 일이다. 산승山僧이 투신投身 조역祖域하여 이미 삼십여 년이 지났다. 조주고불趙州古佛은

보임保任을 삼십 년하고, 향엄화상香嚴和尙은 타성일편打
成一片 사십 년에 이 일을 성취한 것이다.

우리나라에 선풍禪風이 들어온 지 천여 년에 혜慧에
만 편중하고 정定을 소홀히 하였다. 근래에 선지식善知識
이 종종 출현하였으나 안광낙지시眼光落地時에 앞길이 망
망하니 그 까닭은 정혜定慧가 갖추어지지 않았기 때문이
다. 이러고서 어떻게 불조佛祖의 혜명慧命을 이을 수 있을
것인가.

고인古人이 말씀하신 건혜乾慧로는 생사生死를 면할
수 없다는 것이 바로 이것이다. 이번 여름철에 만약 견성
見性을 못한다면 공안公案에 득력得力이라도 해야 한다.

어떤 것이 득력처得力處인고?

첫째, 혼침昏沈과 산란散亂 두 가지 마魔에 침해를 받
지 않을 때. 둘째, 일체의 시비是非에 마음이 흔들리지 않
을 때. 셋째, 본참공안本參公案이 끊임이 없을 때.

그러므로 오늘 득력得力하지 못한 것을 걱정할지언
정 견성見性하지 못할 것을 걱정하지 말라.

옛날 남악회양南嶽懷讓 선사禪師가 제자 마조馬祖의
좌선坐禪하는 것을 보고 물었다.

'앉아서 무엇하는가?'

'부처되려고 좌선하지요.'

그러자 회양선사가 하루는 기왓장을 가져와 돌에 대고 갈았다. 마조가 좌선하다가 시끄러운 소리를 듣고 화가 나서 문을 열어 보니 거기 스승이 있었다.

'무엇하려고 기와를 가십니까?'

회양선사가 답하기를 '기와를 갈아서 거울을 만들려네'라고 하였다. 이에 마조가 '금시초문今時初聞입니다' 하니 회양선사가 '좌선으로 부처된다는 소리도 금시초문이네'하였다.

이 말에 마조는 정신이 번쩍 들었다.

'좌선 말고 따로 길이 있습니까?'

'수레가 가지 않을 때는 소를 몰아야겠는가, 수레를 몰아야겠는가.'

이 물음 끝에 마조는 크게 깨달았다.

그러면 마조 스님의 득처得處가 소에 있느냐, 수레에 있느냐. 오늘 나는 타우打牛도 옳지 않고 타거打車도 옳지 않다 하겠으니, 어떻게 해야 옳겠는가. 대중은 자세히 살피라. 설사 소를 때려 그 진수를 얻었다 할지라도 오히려

도둑이 지나간 뒤 활을 당김이니라. 대중은 곧 화살을 빼어 오너라. 일러라, 회양의 뒤통수에서 화살을 뽑았느냐. 마조의 뒤통수에서 화살을 뽑았느냐?"

한참 있다가 게송으로 읊으시기를,

"한 화살로 두 마리 봉새를 맞힌들 뭐 그리 대단할까
칼의 서슬이 빛나 삼천대천 세계에 두루함이로다
오월 찬서리에 새의 자취 끊어졌는데
청청히 푸른 대가 사계절 봄이라네."

一箭雙鵰未是貴
劒光閃爍徧三千
五月嚴霜飛鳥絶
猗猗綠竹四時春

주장자로 법상을 세 번 울리고 자리에서 내려오시다.

39

1959년 6월 15일 동화사 금당선원

법상에 올라 말씀하셨다.

"우리 형제가 사월 보름 결제할 때 삼보전三寶前에 맹세하고 석 달 동안에 구천 리나 되는 고향에 가기로 했다. 어느덧 두 달이 지났으니 육천 리에 도달했으리라. 과연 육천 리에 도달했는가? 그렇지 못한 사람은 분심憤心을 내어 앞으로 남은 한 달 동안에 구천 리에 도달해야 한다. 길 가는데 더디고 빠른 법이 있는데 그 빨리 가는 법을 일러주겠다.

고인古人이 말씀하시기를, 활구하活句下에 천득薦得하면 영겁永劫토록 불망不忘이지만 사구하死句下에 천득

薦득薦得하면 자기 자신도 구제하지 못한다 했으니, 어찌 활구活句를 참구參究하지 않겠는가. 활구活句란 마치 물과 불이 서로 통하는 것과 같아서 수마睡魔와 망상妄想이 침범할 수 없다.

사구死句란 혼침昏沈과 산란散亂에 빠져 귀신의 굴속에서 헤매는 것이니, 설사 미륵불彌勒佛이 하생下生한들 무슨 소용이 있겠는가. 또한 활구活句란 그 뜻을 참구함이요, 사구死句란 그 말에 팔림이다. 그러니 빨리 가는 법은 활구活句를 참구함이다.

우리 종문宗門에서는 성적등지惺寂等持 하여 정혜쌍수定慧雙修니 만약 이러지 못하면 어떻게 불조佛祖의 혜명慧命을 이을 것인가."

게송을 읊으시되,

"한 조각 흰 구름이 골짝을 막으니
얼마나 많은 새가 돌아갈 길 잃었는가
구름 흩어져 만리에 청산이 드러나니
흰 돌 높은 봉우리 그게 바로 내 고향."

一片白雲橫谷口

幾多歸鳥盡迷巢

雲散萬里靑山露

白石高峰是本鄕

할(喝)을 한 번 하시고 자리에서 내려오시다.

40

1959년 7월 15일 동화사 금당선원

하안거 해제 법어

법상에 올라 말씀하셨다.

"시회대중時會大衆은 결제結制 3개월에 얻은 바가 무엇인가? 벽안납승碧眼衲僧은 한 마디 일러라!"

대중이 말이 없자 이르시기를,

"그대들은 밥도둑이 아닌가. 두 도둑이 집안의 보배를 훔쳐 가려고 하니 취모검吹毛劍으로 육문六門을 지키되 용감하기 적병敵兵을 대하듯 해야 한다. 적을 막지 못하면 저들로부터 내 자신이 피해를 입을텐데 어찌하여 스스로 방일放逸한고. 졸음과 망상 두 마구니가 침입하지 않던가? 남의 시은施恩을 지고 그 은혜를 갚았는가? 그림의 떡이 능히 배부르게 하던가? 범부가 성인되려고 하는데 누가 막던가? 삼도三途의 괴로움이 그대의 집인가? 만약 그렇지 않다면 어째서 닦지 않는가.

옛날 중국의 백낙천白樂天이 약산藥山 스님을 만나 물었다. '어떤 것이 불법佛法의 극치입니까?' 약산 스님이 대답하시기를 '모든 악을 짓지 말고 모든 선을 받들어 행하라(諸惡莫作 衆善奉行)'고 하였다. 백낙천이 '그런 말은 세 살 난 동자도 알 수 있습니다'하자 약산은 '그렇다. 세 살 난 어린애도 말로는 쉽지만, 여든 살 먹은 노인도 행하기는 어렵다.' 이 말을 듣고 백낙천이 비로소 알아차리고 불교에 귀의하였다.

신도들은 듣고 믿으라. 믿음(信)이 도道의 근원이요 공덕功德의 어머니이니라. 그리고 비구니들에게 한 마디 하겠는데, 무행승無行僧을 따르지 말라."

게송을 읊으시되,

"가을바람 불어 흉금이 서늘하니

고목의 매미 울음 세월을 재촉한다

무상의 귀신이 차별을 두지 않으니

뒷날 어느 누가 상서를 바칠까."

金風吹動入新凉

古木寒蟬催老相

無常殺鬼曾不饒

他日何人獻禎祥

주장자를 들어 한 번 울리고 자리에서 내려오시다.

41

1959년 11월 1일 동화사 금당선원

법상에 올라 말씀하셨다.

"청법게請法偈에 '차경심심의此經甚深意를 대중심갈앙大衆心渴仰하오니 유원대법왕唯願大法王은 광위중생설廣爲衆生說하소서'하고 청했다. 차경此經은 무슨 경인고?"

대중이 말이 없자 이르시기를,

"이 심히 깊고 미묘한 경은 종이와 먹으로 이루어진 것이 아니라서 펼쳐 보아도 한 글자 없지만 항상 큰 광명(大光明)을 발하니, 여기 모인 대중은 그 도리를 알겠는가?

건곤乾坤을 차 버리고 일월日月을 만질 수 있어야만 알 수 있을 것이다.

다시 사족蛇足을 말하리라. 우리 대중大衆이 반야선般若船을 타고 생사대해生死大海를 건너는데 때로는 순풍順風을 만나고 때로는 역경逆境도 지나게 되리니, 순풍이거나 역경이거나 분별하지 말고 다만 앞으로 나아가라."

게송을 읊으시되,

"태호 삼만 육천의 물결
그 파도 속의 달을 누구에게 말하랴.
하루아침 강물을 죄다 마셔 버리면
용마를 거꾸로 타고 육지를 달리리.
太湖三萬六千頃
月在波心說向誰
一朝吸盡河海水
龍馬倒騎漢陽馳

요즘 들으니 알았다는 수좌首座가 있다고 한다. 이리

나오너라!"

아무도 나오는 사람이 없었다.

"심천간深淺間에 알았다는 것이 귀한 일이다. 법法에
는 체면도 있을 수 없다."

이때 대중 가운데서 한 수좌首座가 나와 삼배三拜를
하고 앉았다. 스님이 물었다.

"일어서라. 알았다니 무엇을 알았느냐?"
"아는 것이 없는 것을 알았습니다."
"네 이름이 무엇이냐?"
"각공覺空입니다."
"각공覺空이라니 각覺이 공空했느냐, 공空을 각覺했
느냐?"

그 수좌가 머뭇거리는 것을 보고 스님은 말씀하였다.
"알고 모르는 것은 그만두고 속히 일구一句를 일러라."

그가 주저하자 스님은 주장자를 한 번 울리고 나서 말씀하시기를,

"네가 이제부터 더욱 분발하여 밤잠을 줄이고 부지런히 정진하여 일구一句를 가져와 일러라.

대중이 작년에 비해 발심發心한 사람이 많고 착실히 공부하고 있다. 수면睡眠을 줄이고 공부 시간을 늘려라. 노력하는 것만큼 소득이 있다. 어려운 행을 능히 행하고, 참기 어려운 것을 능히 참아 내는 것이 납자衲子의 본분本分이다. 참고 또 참으면 조용히 성취成就가 돌아오는 법이다. 팔공산八公山 선불장選佛場에는 남녀男女 대중이 여간 많지 않다. 남녀 간에 한 철을 나면 난 소득이 있어야지 소득이 없으면 백 철을 난들 무슨 소용이 있겠느냐.

득력得力하면 견성見性 못할 것 없고, 견성見性하면 성불成佛 못할 걱정 없다. 혼침과 산란에 구애되지 않을 때, 모든 선악善惡 시비是非에 마음이 흔들리지 않을 때 비로소 공부길에 들어선 것이다. 공부가 들락날락할 때에는 득력得力이 없다. 득력하고 못한 것은 각자가 시험하라. 자기 살림살이는 자기가 달아보면 알 수 있다.

요즘 선풍禪風이 침체되고 흐려져 영리한 사람들이 어떤 공안公案에 조금씩 소식을 얻으면 견성見性하였다고 자처하고 남들도 덩달아 그렇게 말한다. 여기에 만족하면 스스로 속는 것이니 더욱더 공을 닦아야 한다. 생사生死에 자유 없이 무슨 큰 소리냐. 섣달 그믐을 당해 견성見性을 못했으면 앞길이 망망해지리라.

혼침과 산란이 없어야 정定이다. 성성惺惺하고 적적寂寂해야 정定이 된다. 누차 말한 바이지만, 정력定力이 없는 혜慧는 건혜乾慧다. 건혜로는 생사生死를 면할 수 없다. 정혜定慧를 쌍수雙修하고 안팎이 명철明徹해야 생사生死에서 벗어날 수 있다.

끝으로 한 마디 할 것은 준동함령蠢動含靈이 모두 불성佛性이 있다는데, 조주 스님은 어째서 개에 불성이 없다(狗子無佛性)고 했는가. 조주 스님의 이 일구一句 법문法門은 보통 사람들로서는 능히 알 바가 아니다. 이 일구一句는 언하言下에 알아차려야 한다."

주장자를 세 번 울리고 자리에서 내려오시다.

42

1959년 11월 15일 동화사 금당선원

법상에 올라 말씀하셨다.

"내게 한 문(一門)이 있으니 동쪽을 향해 보면 서문西門이요, 서쪽을 향해 보면 동문東門이다. 남쪽과 북쪽 문도 이와 마찬가지다. 삼세三世 모든 부처님과 역대 조사歷代祖師와 천하 선지식天下善知識도 모두 이 문을 따라 출입했고, 오늘 노승老僧도 이 문을 따라 출입하니 시회대중時會大衆은 어떤 문으로 출입할 것인가. 여기 이르러서는 범부와 성인, 이근利根과 둔근鈍根의 차별도 없으니 어서 일러라."

대중이 말이 없자 다시 이르시기를,

"나는 본래 여관 주인이 아니며 대중도 나그네가 아니지만 만약 이르지 못하면 대신 내가 밥값을 받아야겠다. 대중은 준비가 되었는가? 한 물건도 없는 가운데 무진無盡 보배를 어찌하여 이르지 못하는가. 스스로 잘 용심用心해서 간절하게 참구參究하라.

하루하루 헛되이 보내다가 문득 안광眼光이 땅에 떨어지면 뿔뿔이 흩어지고 말 것이니, 그 재앙과 고통은 참고 견디기가 어려울 것이다. 이 고통을 대신 받을 자가 그 누구이겠는가. 권력으로 막겠는가, 금은 보배 재산으로 막겠는가, 의약이나 기술로써 막을 수 있겠는가, 아니면 영웅호걸이 막아 주겠는가.

이와 같은 것은 모두 세간의 유위법有爲法이니 그것은 깨어진 기왓장이나 다를 바 없다. 일등一等 가는 기량機量이 아니고는 꿰뚫고 나갈 수 없다. 빈손으로 왔다 갔다 하지 말라."

게송을 읊으시되,

"한 물건도 없는 그 속의 무진 보배를

누가 능히 수용하랴

드나듦이 없는 곳에

옥호광명이 인간과 천상에 비추네."

無一物中無盡寶

不知幾人能受用

無出無入無爲處

玉毫光明照人天

주장자를 들어 세 번 울리고 자리에서 내려오시다.

43

1959년 11월 30일 동화사 금당선원

법상에 올라 말씀하셨다.

"도기불합인道豈不合人이리오 인무심합도人無心合道니
라. 욕식인여도欲識人與道인댄 일로일불로一老一不老 니라.
　도道가 어찌 사람에게 계합하지 않으랴.
　사람이 무심하면 도道에 계합하는 것을.
　사람과 도道를 알려면
　하나는 늙고 하나는 늙지 않았다.
　대중은 일러라. 사람이 늙었느냐, 도道가 늙었느냐?"

한참 만에 한 수좌가 나와 말하기를,

"노老 불로不老는 차치하고 어떤 것이 도道입니까?"

이때 스님이 주장자를 번쩍 들고,

"알겠느냐?"

수좌가 머뭇거리자 스님은 이르시기를,

"칠성판七星板을 짊어졌구나! 천하의 납자衲子들이 살과 뼈를 깎으면서 조사관祖師觀을 뚫으려고 한다. 법다이 수행하면 본참공안本參公案이 자나깨나 한결 같으리라. 오매일여寤寐一如하면 신심身心이 일여一如하고, 신심이 일여一如하면 생사生死에도 일여一如하다. 설사 좌탈입망坐脫立亡할지라도 입태入胎와 출태出胎에도 자유자재自由自在해야 하기 때문에 성성착惺惺着 성성착惺惺着 하라.

납자衲子 분상分上에 가장 긴급한 일이 있다.

첫째, 어떤 것이 견성見性이며 어떻게 견성見性할 것인가.

둘째, 안광낙지시眼光落地時에 어떻게 해탈할 것인가.

셋째, 해탈解脫하면 어느 곳을 향해 갈 것인가.

활구지인活句之人은 눈빛이 어둔 밤에 등불과 같고, 사구지인死句之人은 눈빛이 썩은 고기 눈과 같느니라.

자기 살림은 자기가 저울질해 보면 잘 알 수 있다. 이제 섣달 그믐날도 한 달밖에 남지 않았다. 내가 선실禪室에 다닌 지 수십 년이 되지만 금년今年처럼 생사대해生死大海를 건너려고 애쓰는 것은 일찍이 보지 못했다. 우리나라 불교의 종풍宗風이 여기 팔공산八公山 선실禪室에 달렸다고 보아도 과한 말이 아니니라. 이제 용맹정진이 시작될 터인데 내 나이 팔십이 가까워 따라갈 것 같지 않지만 준비는 하고 있다.

공부는 마음에 두 생각이 없어야 한다. 두 생각을 가지고서는 견성見性할 수 없다. 납월(十二月) 팔일은 부처님 성도일成道日인데, 석가모니불이 납월 팔일 새벽에 본 그 별을 우린들 어째서 못 보겠느냐. 별을 보려면 우선 두 생각을 버려야 한다. 정월 보름도 머지 않았으니 앞으로 나아가고 물러가지 말라. 섣달그믐에 다시 만나자."

주장자를 한 번 울리고 자리에서 내려오시다.

44

1960년 1월 15일 동화사 금당선원

동안거 해제 법어

법상에 올라 말씀하셨다.

"대중에게 묻겠다. 여기 모인 대중 가운데 수사자가 낳은 새끼를 보았느냐? 본 사람이 있거든 나와서 일러라."

대중이 말이 없자 이르시기를,

"사자獅子를 바랐더니 모두가 들여우(野狐)로구나. 진흙에 금옥金玉이 언제 빛을 발할까. 위로 불조佛祖의 비밀한 말씀과 뜻이 그대들 안에 있으니 게으르지 말고 성성착안惺惺着眼하라.

결제結制할 때는 대중을 형제와 같이 보았더니, 해제解制할 때는 대중을 원수처럼 보노라. 형제 시절이 옳은가, 원수 시절이 옳은가? 이 언구言句는 대중이 각자 결택決擇해서 후인들로 하여금 의혹을 내게 하지 말라.

이제부터 해제解制라고 해서 걸망지고 가는 자는 동구洞口 밖에서 지키고 있다가 몽둥이로 패줄테다. 해제解制는 못하고 걸망은 지고 가서 무엇하겠느냐. 우리가 여기 모인 것은 명리名利를 구해서도 아니고, 의식衣食을 구해서도 아니며, 안일安逸을 구해서도 아니다. 오로지 생사生死를 해탈하여 불조佛祖의 혜명慧命을 잇고 끝없는 중생衆生을 제도하기 위해서다. 오늘 해제解制 못했다고 낙심할 것은 없다. 해제解制 결제結制를 지난 겨울처럼 정진하면 3년 안에 득력得力할 수 있을 것이다."

게송을 읊으시되,

"사자굴 속에는 다른 짐승이 없고
코끼리 가는 곳에 여우 발길 끊어졌네.
눈 녹은 진흙 위에 발자취 사라지니

볕을 따라 북으로 가는 기러기 소리."

獅子窟中無異獸

象王行處絶狐踪

雪消泥上滅蹤迹

隨陽歸北雁嗢嗢

주장자를 세 번 울리고 자리에서 내려오시다.

만년晩年의 효봉 스님

효봉 스님

1929년   금강산 여여원 선원에서 용맹정진

1930년   금강산 법기암 무문관 토굴에서 1일 1식 장좌불와
        용맹정진

1931년   토굴 정진 1년 6개월 후 오도悟道(44세). 스님의 오도송
        은 다음과 같다.

        바다밑 제비집에 사슴이 알을 품고 海底燕巢鹿抱卵

        타는 불속 거미집에 고기가 차 달이네 火中蛛室魚煎茶

        이 집안 소식을 뉘라서 알랴 此家消息誰能識

        흰 구름은 서쪽으로 달은 동쪽으로 白雲西飛月東走

1932년   금강산 유점사에서 동선화상을 계사로 비구계와 보
        살계 수지

1933년   내금강 마하연 선원에서 만공 스님 회하會下에서 정진

1934년   남쪽으로 운수행각

1935년   설악산 봉정암에서 동산 스님, 청담 스님 등과 함께 하
        안거. 오대산 상원사에서 한암 스님 회하에서 동안거

1936년   태백산 수암사에서 동산 스님, 혜암 스님 등과 함께
        정진. 덕숭산 수덕사에서 만공 스님을 모시고 동안거

1937년   운수행각을 멈추고 조계산 송광사 삼일암에 주석. 이
        때 구산 스님이 효봉 스님을 은사로 삼일암에서 출가

1938년   보조국사의 16세 법손인 고봉국사로부터 몽중법어夢
         中法語를 듣고 난 후 법명을 학눌學訥, 법호를 효봉曉峰
         이라 함.

1941년   재단법인 여여원如如院 이사장 취임

1946년   가야산 해인사에 가야총림을 개설하고 초대 방장으
         로 위촉(59세)

1950년   부산 동래 금정사에서 동안거

1951년   경남 통영 미륵산 용화사 도솔암에서 하안거

1954년   미륵산 용화사 뒤편 미래사 창건 및 주석. 종단 정화
         준비위원으로 서울 안국동 선학원에서 주석. 이때 법
         정 스님이 효봉 스님을 은사로 미래사에서 출가

1955년   미래사 토굴(曉峰臺)에서 오후불식午後不食하며 정진.

1956년   네팔 카트만두에서 열린 제4차 세계불교도 대회에
         한국 대표로 동산 스님, 청담 스님과 함께 참석

1957년   대한불교조계종 총무원장에 취임해 종단의 종무행
         정을 수행. 이승만 대통령 생일 잔치에 초대되어 "본
         래 생사가 없는데 어디에 생일이 있겠느냐(生不生, 死不
         死)"는 유명한 일화를 남김

1958년   대한불교조계종 제3대 종정으로 추대. 동화사 금당

선원에 주석

1960년 미래사 토굴에 주석

1962년 통합종단 대한불교조계종 초대 종정 추대(75세)

1963년 팔공산 동화사에 주석

1966년 밀양 표충사 서래각에 주석. 음력 9월 2일 새벽 3시

입적. 세수 79세 법납 42년. 임종게는 아래와 같다.

내가 말한 모든 법吾說一切法

그거 다 군더더기都是早騈拇

오늘 일을 묻는가若問今日事

달이 일천강에 비치리月印於千江

20쪽으로 읽는

효봉 스님의 일대기

오늘 일을 묻는가, 달이 일천강에 비치리

1925년 음력 7월 8일, 금강산 신계사 보운암普雲庵에 엿판을 짊어진 서른여덟 청년이 들어섰다. 보운암 큰방에 는 스님들이 차를 마시며 담소하고 있었다. 낯선 나그네 가 엿판을 짊어지고 산사에 찾아온 것이 하도 신기했던지 한 스님이 엿장수에게 물었다.

"이 깊은 산골에 엿장수가 뭐하러 왔소?"

"금강산 도인, 석두 스님을 찾아뵈러 왔습니다."

"어디서 왔소?"

"유점사에서 왔습니다."

"유점사에서 여기까지 몇 걸음에 왔소?"

"… …"

엿장수는 엿판을 짊어진 채, 곧장 큰방에 들어가 한 바퀴 삥 돌고서, "이렇게 왔습니다." 하였다.

큰방에 있던 스님들이 한바탕 웃으며 말한다.

"10년 공부한 수좌首座보다 낫네."

이날로 삭발, 오계를 받고 법명을 원명元明이라 불렀다. 이때 나이 서른여덟. 엿판을 짊어진 청년의 이름은 이찬형李燦亨 훗날 효봉曉峰 스님이고, 그 청년에게 묻던 이가 바로 '금강산 도인' 은사 석두(石頭, 1882~1954) 스님이었다. 이찬형은 이곳에서 전국을 떠돌았던 엿장수 3년의 방랑을 끝냈다.

이찬형. 1888년 5월 28일 평안남도 양덕군 쌍룡면 반성리 금성동에서 태어났다. 수안遂安 이씨李氏 병억炳億을 아버지로, 경주김씨를 어머니로 5형제 중 3남으로 출생했다. 찬형은 어려서부터 유달리 영특하여 이웃 간에는 신동으로 알려졌다. 열두 살 때까지 선비인 할아버지로부터 '사서삼경四書三經'을 배워 익혔다. 그는 평양고보를 1회로 졸업한 뒤 일본의 와세다 대학에서 법학을 전공, 스물여섯 살에 졸업하고 귀국, 서른여섯 살 때까지 서울, 함흥, 평양에서 10년간(1914~1923) 판사를 지낸다. 일제 식민

지 시절이기에 한국인 법관으로 시대적인 고뇌와 인간적 회의가 많은 시기였다. 하루하루 생활이 고뇌였고, 화려한 지옥이었다. 시인 고은(1933~)은 효봉 스님을 시봉하면서 이때의 이야기 한 토막을 이렇게 들었다고 회고한다.

"내가 말이다. 평양에서 그놈의 판사질을 할 때 대동강 물이 붉었단다."

"?"

"대동강 물이 푸르면 푸르지 왜 붉었겠니? 내가 거의 날마다 기생집에서 살아야 했지. 어떤 때는 기생을 데리고 대동강에 나가 뱃놀이도 했단다. 그런데 하도 주색에 빠진 몸이라 그 푸른 강물에 주르륵 코피를 쏟아부어 강물이 붉었단 말이다. 아이고, 그놈의 판사 노릇이라는 게 기생 서방 노릇이야."

1923년, 그는 처음으로 항소심의 일반 흉악범에게 사형을 언도해야 했다. 그 항소심이 끝난 뒤 그는 아주 심각한 회의에 빠지지 않을 수 없었다. '한 인간이 어떻게 한 인간을 사형시킬 수 있는가! 인간이 인간을 죽이다니, 과연 이런 일이 법의 이름으로 가능한 것인가!' 그는 이제까지의 판사라는 직업에 회의를 일으킨 것은 물론이거니와 그 자신의 오뇌懊惱 때문에 밥도 먹지 않을 정도였다. 그의 세속의 아들 차남 이영실李永實은 "내가 어려서 들은 바로는 아버님께서는 출가 직전에 밤이 오면 밤새도록 주무시지 못하고 괴로워하셨답니다. 그러니 어머님께서도 한숨 쉬는 소리만 들으며 꼬박 밤샘하셨지요."라고 증언한다. 판사 이찬형은 몇 날 몇 밤을 뜬눈으로 지새우면서 자기 자신의 존재를 회의하고, 인간사회의 구조에 대해 고뇌한다. '이 세상은 내가 살 곳이 아니다. 내가 갈 길은 따로 있을 것이다.'

그는 이미 아내와 세 자녀가 있었다. 하지만 그의 비장한 결의는 마침내 사표도 내지 않은 채 판사질을 팽개치고 가족으로부터도 떠나게 했다. 이때부터 이찬형은 법복을 벗고, 조선 팔도를 떠돌았다. 누더기 엿장수의 뒤를 따르는 시골 아이들에게 엿을 거저 나눠주다가 밑천이 떨어지기도 했다. 먼 길을 갈 때는 굶기가 일쑤여서 한때는 엿판에 콩을 넣고 다니다가 시장하면 솔잎과 함께 물에 불린 콩을 씹으며 허기를 달래기도 했다. 산길을 잘못 들어 비를 맞아가면서 밤새는 일도 있었고, 술에 취해 얼음 위에서 자다가 얼어 죽을 뻔한 일도 있었다. 시집가는 새대의 농짝을 져다 주고 먹을 것을 얻기도 하고, 어느 마을에 가서는 한동안 서당 훈장 노릇도 했다. 하루에 2백 리에 가까운 길을 그 어떤 환상에 사로잡혀 줄달음치고 나서 발병이 나기도 했다. 그의 방랑은 스스로 선택한, 자기 자신을 가누는 고행길이다. 효봉 스님의 상좌인 법정(法頂. 1932~2010) 스님은 그의 방랑을 다음과 같이 말한다.

"사람은 제자리에 꽂히지 못하면 방황하기 마련이지요. 선승禪僧을 법관의 자리에 앉혀 놓았으니 방황하지 않을 수 없었던 것입니다. 효봉 스님의 방랑은 자신이 꽂힐 자리를 찾아 여기저기 헤맨 것이라고 볼 수 있습니다." 또 시인 고은은 이렇게 말한다. "효봉 스님의 출가는 극적인 전환이 아니라 자연스러운 탈바꿈이었다. 본질은 선승禪僧인데 법관으로 잠시 가탁假託돼 있었던 것이다."

3년을 정처 없이 헤매던 이찬형의 발걸음이 마침내 금강산 유점사에 이르게 된다. 이곳에 금강산 도인이 계시다는 소문을 듣고 찾아왔다 하니, 신계사 보운암에 석두 선사가 계시다는 이야기를 전해준다. 엿장수 이찬형은 그길로 하룻길이 창창한 신계사 보운암으로 찾아갔다. 이렇게 이찬형과 석두 스님은 만난다. 만날 사람끼리 만난 것이다. 이찬형은 비로소 내 갈 길이 바로 여기였구나, 하고 속으로 안도의 숨을 내쉬었다.

효봉 스님은 계를 받고, 이후 이날만 되면 새로 옷을 갈아입었다. 그 까닭을 물으면, "오늘이 바로 내 생일이다."라고 했다. 또 효봉 스님은 출가 이전을 언제나 '전생前生'이라고 말한다. 고은의 말에 따르면 효봉 스님은 그 '전생'의 어떤 일을 거의 말하는 일이 없었다고 한다. 그래서 한동안 효봉 스님이 판사 노릇을 했다든지, 일본 유학을 했다든지 하는 일이 거짓이 아닌가 하는 생각까지도 했다. 그런데 한번은 이런 일이 있었다. 1956년 5월 민주당 대통령 후보 신익희(申翼熙, 1894~1956)가 호남선에서 급사했을 때 그 소식이 미륵섬 산중까지 며칠 만에 알려졌다. 그때 스님은 회상하듯 그가 와세다 대학을 다녔다는 얘기를 했고, 이어서 김병로(金炳魯, 1887~1964)가 신출내기 변호사 노릇을 했다는 얘기도 문득 흘러나온 적이 있었다고 한다.

"그때는 법원이 지금 있는 데가 아니었지. 화신 근처였어. 그런데 김병로가 명륜정明倫町에서 변호사를 개업했는데 그때 푼수로는 삼류였지. 그러다가 차차 그 사람의 이름이 나기 시작했지 …. 참, 해공海公? 신익희? 그 사람이 평산 신씨지. 황해도 평산 말이야. 음, 해공이 그렇게 가버렸군."

서른여덟에 5계를 받고 중이 된다는 것은 불가에서 흔히 말하는 '늦깎이'였다. 스님은 남보다 늦게 출가한 사실을 염두에 두고, 남들이 쉴 때도 쉬지 않고 잠잘 시간에도 자지 않으면서 분발, 깨달음을 위한 좌선坐禪에만 전념했다. 그의 수행은 치열한 독각獨覺 정진이다. 한번 앉으면 일어날 줄 모르고 누울 줄 모르는 그것이다. 장좌불와長坐不臥. 효봉의 가풍이 여기서 비롯된다.

스님은 계를 받은 그해 보운암에서 여름과 겨울을 지내고 나서 이듬해 여름에는 여러 곳의 선지식을 친견하기 위해 행각의 길에 나선다. 은사 석두 스님은 제자를 숨겨 두지 않고 방척했다. 단지 "그대가 만나고 싶은 법을 만나고 그대가 보고 싶은 부처를 천하에 주유하여 보게나."하고 일러 주었다. 스님은 이런저런 소문을 듣고 이 산에서 저 산으로 남쪽으로는 통도사 내원암에서 백용성(1864~1940) 선사를 만나고, 북으로는 수월(1855~1928) 스님을 만나려고 간도 용정 용주사까지 두루 찾아다닌다. 그러나 효봉 스님의 기대와 달랐다. 결국, 이 집안 수행의 일은 남의 말에 팔릴 게 아니라, 나 자신이 실지로 참구하여 실답게 깨달아야 하는 것임을 확신하고, 그 이듬해 다시 금강산으로 돌아와 토굴 속으로 '무無'의 정진에 들어갔다. 스님은 1927년 여름 신계사 미륵암 선원에서 안거에 들어갈 때 미리 정진 대중에게 양해를 구했다.

"저는 반야에 인연이 엷은 데다가 늦게 중이 되었으니 한가한 정진을 할 수 없습니다. 묵언을 하면서 입선入禪과 방선放禪, 행선行禪도 하지 않고 줄곧 앉아만 있도록 허락해주십시오."

궁둥이 살이 허는 줄도 몰랐고, 발가락은 문드러지고 있었다. 한번은 공양 시간이 되어 자리에서 일어서려고 하는데 엉덩이에 무엇인가 달라붙는 것이 있어 뒤돌아보니, 엉덩이 살이 헐어서 그 진물이 흘러 옷과 방석이 달라붙어 있었다. 궁둥이 살이 짓물러 방바닥에 눌어붙은 줄도 모를 만큼 정진했다는 것이다. 이때 효봉 스님이 얻은 별명이 바로 '절구통 수좌'다. 상좌인 고은은 스님의 정진 흔적을 이렇게 말한다.

"나는 스님을 모시고 목욕을 할 때 그 궁둥이와 발가

락, 발바닥에 그 고행의 자취가 역력히 남아 있는 것을 보았다."

스님은 금강산에 있는 선원을 여기저기 옮겨 다니면서 정진을 계속했다. 출가한 지 다섯 해. 아직 깨달음을 얻지 못한 스님은 초조했다. 자신의 두터운 속세의 업장과 무능을 한탄했다. 대중이 여럿이서 거처하는 초소에서는 마음껏 정진하기가 어려웠다. 법기암法起庵 뒤에 단칸방의 토굴을 지었다. 한구석에 대소변 구멍을 내고 밥그릇이 들어올 작은 구멍을 냈다. 그리고 스님이 토굴에 들어온 뒤 밖에서 벽을 발라버리도록 했다. 그는 진리를 위해 스스로 갇혀버렸다. 1930년 늦은 봄. 그의 나이 43세. 그는 여기서 깨닫기 전에는 죽어도 다시는 토굴 밖으로 나오지 않겠다는 결사적인 각오를 한 것이다. 옷 한 벌. 방석 석 장. 1일 1식. 오직 화두 무자無字 하나. 그게 전부다.

스승 석두 선사는 이런 그를 위해 하루에 한 끼 공양을 토굴 안으로 들여 주었고, 아궁이에 불을 지펴 주는 일을 도왔다. 안에서 어떤 일이 일어나는지 알 길이 없다. 오직 하루 공양 그릇이 비워졌을 때, 아직 살아 있다는 것을 알 뿐이다. 이런 정진은 1년이 지나고, 다시 새로운 1년이

시작될 때까지 계속되었다. 1년 반이 지날 무렵, 토굴 벽
이 무너진다. 효봉 스님 스스로 벽을 차 무너뜨린 것이다.

　때는 1931년 여름. 마흔다섯. 과거의 무수한 수행자
들이 이 길을 걸었고, 앞으로도 그렇다. 긴 손톱, 긴 발톱,
아무렇게 자란 수염과 머리칼. 스님은 오도송悟道頌을 내
보낸다.

　　바다 밑 제비집에 사슴이 알을 품고

　　타는 불속 거미집에 고기가 차 달이네

　　이 집안 소식을 뉘라서 알랴

　　흰구름은 서쪽으로 달은 동쪽으로

　　海底燕巢鹿抱卵

　　火中蛛室魚煎茶

　　此家消息誰能識

　　白雲西飛月東走

　1933년 겨울, 스님은 만공(滿空, 1871~1946) 선사를 조
실로 모시고 금강산 마하연 선원에서 용맹정진 화두삼매
에 들며 시간을 망각하게 된다. 하루는 뜻밖에 금강산 유

점사에서 평양복심법원 시절의 동료였던 일본인 판사를 만나자 조실부모한 엿장수가 아닌 판사였다는 사실과 함께 과거 이력이 드러나고 말았다. 이때부터 스님에게는 '판사중'이라는 별명이 또 생기게 되었다. 판사라는 과거 이력이 밝혀지자 1934년 겨울, 스님은 금강산 신계사 미륵암에서 안거를 마치고, 이젠 인연이 다 되었나 싶어 남쪽으로 다시 운수행각_{雲水行脚}을 떠났다.

1935년부터 이듬해 여름까지 오대산 상원사에서 정진한다. 이듬해 스님은 상원사 조실인 한암(漢岩, 1876~1951) 화상으로부터 포운_{泡雲}이라는 법호와 함께 다음과 같은 게문을 받는다.

망망한 큰 바다의 물거품이요
적적한 깊은 산꼭대기 구름이여
이것이 우리 집의 다함없는 보배거니
시원스레 오늘 그대에게 주노라.

茫茫大海水中泡
寂寂深山峰頂雲
此是吾家無盡寶

灑然今日持贈君

1936년 겨울 안거는 덕숭산 수덕사의 정혜사 선원에
서 만공(滿空, 1871~1946) 선사를 모시고 지냈다. 이때 스님
은 해제를 맞아 만공 선사에게 선옹船翁이라는 법호와 함
께 다음과 같이 인가를 받았다.

치우치지 않은 바른 도리를
이제 선옹자에게 부촉하노니
밑이 없는 그 배를 타고
흐름을 따라 묘한 법을 나타내라.

無偏正道理

今付船翁子

駕無底船

隨流得妙也

1937년 나이 50세가 되던 해 스님의 운수행각의 길
은 보조(1158~1210) 국사의 정혜결사 근본도량인 조계산
송광사에 이르렀다. 스님은 "처음 찾아간 절인데도 옛집

처럼 아주 익숙하다. 틀림없이 전생에 오래 살던 도량이었을 것"이라고 제자들에게 말하였다. 스님은 바로 여기 송광사 삼일암三日庵에 10년 동안 주석하면서 많은 청풍납자들을 제접提接하기 시작한다. 그리고 불일보조 국사의 목우가풍牧牛家風과 정혜쌍수定慧雙修, 조계선풍曹溪禪風을 오늘날에 계승하고 재현하려는 원을 세운다. 이 시대에 필요한 현전승보現前僧寶를 양성하고 불교의 중흥中興과 선풍진작禪風振作을 위한 제2의 정혜결사定慧結社 운동을 일으키고자 운수행각의 길을 멈추고 송광사에 주석住錫하였다. 송광사 삼일선원 회주와 조실을 역임하면서 스님의 가풍과 사상도 여기에서 형성되었다. 그해 음력 4월 8일 스님의 맏상좌인 구산(1909~1983) 스님이 출가했다.

1938년, 삼일암에 주석한 지 한 해가 지났다. 보조 국사의 16세 법손인 고봉 국사가 음력 4월 28일 새벽녘의 꿈에 나타나 몽중법문과 더불어 다음과 같은 게송을 새로운 법호와 함께 스님께 전한다. 이때부터 원명元明 운봉雲峰을 학눌學訥 효봉曉峰으로 바꾼다.

번뇌가 다할 때 생사가 끊어지고

미세히 흐르는 망상 영원히 없어지네.

원각의 큰 지혜는 항상 뚜렷이 드러났어라

그것은 곧 백억의 화신불을 나타남내네.

煩惱盡時生死絶

微細流注永斷滅

圓覺大智常獨存

卽現百億化身佛

스님은 삼일암에서 조실로 10년을 머물면서 정혜쌍수定慧雙修에 대한 확고한 구도관이 형성된다. 스님 스스로 계정혜 삼학을 갖추어 닦았고, 후학들에게도 이를 적극 권장하였다.

"만일 이 일을 이야기한다면, 삼세 모든 부처님도 이 문으로 드나들었고, 역대 조사도 이 문으로 드나들었으며, 천하 선지식도 이 문으로 드나들었다. 여기 모인 대중은 어떤 문으로 드나들려는가? 이 문이란 계율, 선정, 지혜의 삼학三學을 가리킴이다. 이 삼학은 마치 집을 짓는 것과 같으니 계율은 집터와 같고, 선정은 재목과 같으며, 지혜는 집 짓는 기술과 같다. 아무리 기술이 있더라도 재목이 없으면 집을 지을 수 없고, 또 재목이 있더라도 터가 없으면 집을 지을 수 없다. 그렇다면 이 삼학을 하나도 빠뜨릴 수 없는 것이니, 그러므로 이 삼학을 함께 닦아 쉬지 않으면 마침내 정각正覺을 이루게 될 것이다."

1946년 음력 7월 15일. 스님은 하안거 해제일을 맞아 송광사 삼일선원에서 3년을 기한으로 정혜결사를 시작한다. 이 시기 교단은 한국불교 중흥을 위한 대작불사가 시작된다. 바로 해인사에 출가 수행승의 종합수도원인 가야총림을 개설한 것이다. 이때가 음력 10월 15일. 스님은 가야총림의 최고 지도자인 방장화상方丈和尙으로 추대된다. 이듬해 1947년 가을에 성철, 청담, 자운 등의 스님들이 봉암사 결사를 시작한 것을 볼 때 해방 이후 한국불교 교단은 수행 전통을 잇고자 하는 열망이 가득한 것으로 보인다. 해인사로 가기 전 효봉 스님은 10년 동안 머물던 송광사를 떠나는 심정을 이렇게 남긴다.

내가 송광사에 온 지 이제 십 년 되었는데
국로國老의 품 안에서 편히 자고 먹었네
무엇 때문에 이 조계산을 떠나는가

인천人天의 큰 복밭을 갈고자 해서라네.

我來松廣今十年

國老懷中安食眠

曹溪一別緣何事

欲作人天大福田

스님은 이 표현처럼 '인간과 천상의 큰 복밭을 갈기 위해' 가야총림으로 수행처를 옮긴다. 송광사에서 시작한 정혜결사를 접고 싶지 않은 마음과 교단으로부터 부여받은 한국불교 인재불사의 요청 사이에서 적지 않은 고뇌를 한 것이 아닐까 하는 추측을 낳게 한다. 이는 송광사를 떠나면서 스님이 눈물을 흘렸다는 기록에서도 유추해 볼 수 있다.

가야총림은 1946년 겨울 안거부터 1950년 여름 6·25 전쟁으로 총림이 흩어질 때까지 5년 동안 한국불교 수행승의 모범도량으로 많은 인재들을 배출하였다. 근대 한국 고승들의 젊은 시절 요람이었고, 뒷날 교단 정화운동의 역군들도 대부분 이곳에서 착실하게 수도하던 인재들이다. 1946년에는 손상좌인 보성 스님이 구산 스님을 은

사로 입산한다. 오늘날 가야총림에서 행한 법어가 지금껏 남아 있는 것은 바로 보성 스님이 효봉 스님께 '뚝밤'을 맞아가며 받아 적은 덕이다. 효봉 스님 수행의 결기가 엿보이는 가야총림 첫 겨울 안거(1946.10.15.) 때 쓴 '해인사 가야총림 방함록 서序'를 보자.

"여기에 뜻을 둔 사람은 인정人情에 얽매이지 말고, 사자獅子의 힘줄과 코끼리의 힘으로 판단하여 지체 없이 한칼로 두 동강을 내야 한다. 용맹하고 예리한 몸과 마음으로 지금까지의 비린내 나는 장삼과 기름기에 전 모자를 벗어 던지고, 천지를 덮는 기염을 방출放出하고 부처와 조사를 뛰어넘는 위광威光을 발휘해야 할 것이니, 그래야만 그와 벗할 수 있고 또한 씨앗이 될 수 있을 것이다."

가야총림은 6·25 전쟁으로 1950년 겨울 더 이상 대중이 머물 형편이 되지 못하게 되어 운영을 멈춘다. 스님도 부산 동래 온천동 금정사에서 동안거를 맞이했다. 1951년 동안거 해제일을 맞아 상좌인 구산 스님에게 전법게를 전한다. 그해 여름부터 1954년 3월까지는 통영 용화사 도솔암과 용화사 뒤 토굴에서 안거한다. 도솔암 시절에는 탄허(1913~1983), 월산(1912-1997) 스님 등이 스님의 회상에서 함께 살았다.

1954년 여름철부터는 같은 미륵산 너머에 구산 스님의 원력으로 미래사彌來寺를 세우고 그곳 토굴에 머물렀다. 이때 조실로는 효봉 스님, 선덕 계봉, 상좌 향봉, 구산, 지환, 혜융, 법달, 활연, 원명 스님이 미래사 대중으로 있었다. 이즈음 법정 스님이 효봉 스님을 은사로 출가(1954)했고, 시인 고은이 1955년에 효봉 스님의 권속으로 들어왔다. 고은에 따르면 미래사 대중들은 "백장청규百丈淸規를 지켜 하루에 먹을 것을 짓지 않으면 먹지 말라는 원칙을 거의 일상으로 삼아 밭을 일구고 감자를 심고 이것저것 채마와 고소까지 심었다."고 회상하며 이렇게 언급했다.

"우린 토굴문중이었다. 하루 한 끼 먹으며 철저히 수행중심으로 살았다. 스승은 겸손하고 온화했다. 목소리도 어린아이처럼 부드러웠다. 하지만 새벽 3시 기상 시간만은 추상같았다. 쩌렁쩌렁 맹수 소리로 잠을 깨웠다. 날무척 아끼고 사랑했다. 생일을 기억했다가 국수와 떡도 해줬다. '오늘은 국수 먹기 좋은 날'이라며 만들게 하곤, 나중에 '네놈 귀빠진 날'이라고 알려줬다. 어느 꽃피는 봄날, 일렁거리는 춘심에 내 젊음이 폭발했다. '부처가 되면 뭐 하냐'며 선방의 구들장을 뜯어 밖으로 내던져 버렸다. 그러자 스승은 '맞다! 그거 돼서 뭐 하냐, 잠이나 자자'며 벌렁 드러누웠다. 한방 크게 얻어맞았다. 난 울면서 구들장을 다시 가져다 놓고 잘못을 빌었다."

효봉 스님은 1954년 8월 교단의 정화운동으로 그토록 발 딛기를 꺼리던 서울로 올라와 안국동 선학원에 머물며 정화운동에 참여하게 되었고, 1955년 9월까지 머무르며 "큰 집이 무너지려 하니 여럿의 힘으로 붙들어라."며 교단 정화운동의 중심을 세웠다. 당시 정화운동에는 동산, 금오, 청담 스님이 함께 했는데, 스님은 당시 정화운동이 비구와 대처 간의 '절 뺏기 싸움'으로 전락하는 것을 경계했다. 비구승 측은 숫자도 적고 본분이 수도에 있어 사판 일에 서투르니, 3개 본산만 맡고 거기서 착실히 수행하면서 점차 교단을 정화하자는 입장이었다.

서울에 머물고 있을 무렵에 당시 대통령이었던 이승만 박사의 생일 초대를 받고 종단을 대표해서 경무대景武臺로 축하인사를 가게 되었다. 고관대작들이 드리는 인사를 받고 있던 그는 스님이 들어오는 것을 보자 벌떡 일어나 손을 마주 잡고 앉을 자리를 권했다. 그리고 스님에게 물었다.

"스님의 생일은 언제입니까?"

이때 스님은 대통령을 보고 조용히 말했다.

"생불생生佛生 사불사死佛死, 살아도 산 것이 아니요 죽어도 죽은 것이 아닌데 생일生日이 어디 있겠소?"

이 말을 들은 이승만 대통령은 정색을 하고 입안으로 '생불생生佛生 사불사死佛死'를 거듭거듭 뇌었다. 그리고는 스님이 가는 길에 따라 나오면서 귓전에 대고, "우리나라에 도인道人이 많이 나오게 해 주시오."라고 했다.

1956년 효봉 스님은 지리산 쌍계사 탑전에서 한 철을 살았는데, 그때 시자 한 명만 데리고 갔다. 그가 법정 스님이다. 그는 당시 효봉 스님과의 일화 한 토막을 이렇게 전한다.

"스님은 털끝만한 것도 부처님의 계율에 어긋난 일은 하지 않으려고 했다. 특히 시간관념은 너무도 엄격했다. 지리산 쌍계사 탑전에서 스님을 모시고 지낼 때, 동구에 찬거리를 구하러 내려갔다가 공양 지을 시간 단 10분이 늦어 돌아왔는데, '오늘은 공양을 짓지 마라. 단식이

다! 수행자가 그렇게 시간관념이 없어 되겠느냐.' 하며 용납하지 않았다. 스님은 또 시주의 물건에 대해서도 인색할 만큼 아끼었고, 시주의 은혜를 무섭게 생각했다. 우물가에 어쩌다 밥알 하나만 흘러도 평소에 그토록 자비하신 분이 벌컥 화를 내곤 하셨다. 초 심지가 다 타서 내려앉기 전에 새 초를 갈아 끼지 못하게 했다. 그러므로 생활은 지극히 검박할 수밖에 없었다. 수도인은 가난하게 사는 것이 곧 부자 살림이라고 항상 말하였다. 금강산 시절부터 쓰던 다 닳아진 세숫비누를 쌍계사 탑전에 와서 쓸 만큼 철저했다. 무더운 여름날 단 둘이 앉아서 공양을 하면서도 가사와 장삼을 입고, 죽비를 쳐서 심경(心經, 식당작법)을 외우면서 엄숙히 음식을 먹었다."

1958년 대한불교조계종 제3대 종정으로 추대되었고, 팔공산 동화사 금당선원에 주석했다. 이즈음에 효봉 스님의 마지막 상좌인 법흥 스님이 출가했다. 1960년에는 "수행이 없는 포교란 있을 수 없다."면서 여름철 안거부터 3년간 통영 미래사 토굴에서 주석했다. 2년 후인 1962년 4월 11일, 마침내 통합종단인 대한불교조계종이 출범하며 스님은 통합종단 초대 종정으로 추대되었다.

스님은 통영 미래사에 머물면서 정진을 계속하였다. 이후 건강이 나빠지자 1963년 10월 제자인 구산 스님이 주지로 취임한 동화사로 옮겨 1966년 5월 13일까지 그곳에 머물렀다. 이 무렵 법정 스님은 은사의 생활을 이렇게 적었다.

"(스님은) 대중생활을 하지 못했다. 특히 치통으로 많은 고생을 치러야 했다. 스님의 성격은 천진한 어린애처럼 풀려 시봉들과 장난도 곧잘 했다. 육신의 노쇠에는 어쩔 수 없는 것, 무상하다는 말은 육신의 노쇠를 두고 하는 말인가. 스님은 가끔 '파거불행破車不行이야.'라고 독백을 하였다."

1966년 5월 14일 거처를 대구 동화사에서 밀양 표충사 서래각으로 옮겼다. 건강이 기울기 시작했다. 곁에서 지켜보기에 이 세상 연이 다해 가는 듯했다. 1966년 10월 15일(음력 9월 2일) 새벽 3시 다음과 같은 열반송을 남기고 평소 습관처럼 가부좌를 한 채 세수 79세 법납 42년으로 입적했다.

내가 말한 모든 법

그거 다 군더더기

오늘 일을 묻는가

달이 일천강에 비치리.

吾說一切法

都是早駢拇

若問今日事

月印於千江

글·김성동

이 글은 다음의 자료를 참고하고 인용했다.

曉峰門徒會,『曉峰語錄』, 불일출판사, 1975

曉峰門徒會,『曉峰法語集』, 불일출판사, 1995

法頂,『달이 일천강에 비치리』, 불일출판사, 1984

高銀,『나 高銀』, 민음사, 1993

김방룡, 효봉의 생애와 사상 보조사상 11집, 서울: 보조사상연구원,
    1998

선우도량한국불교근현대사연구회,『22인의 증언을 통해 본 근현대 불
    교사』, 선우도량, 2002

김용덕,『효봉 스님 이야기』, 불일출판사, 2008

임혜봉,『종정열전 2』, 문화문고, 2010

보경,『수선사 연구』, 불일출판사, 2015

志源,「曉峰 元明의 禪思想 研究」박사논문, 동방문화대학원대학교,
    2015

이 사진은 『효봉법어집』에는 없는 자료인데, 효봉 스님의 재가 제자인 석종섭이 대구 동화사에서 두 분의 만남을 주선했다고 한다. 함석헌(8 회) 선생은 효봉 스님(1회) 평양고보 후배이다. 효봉 스님은 최흥종, 류 명모 등 당대 종교 지도자와 교류했다는 증언(조헌정 목사)도 있지만, 관 련 사항은 연구된 바가 없다. 아마도 제자인 법정 스님이 이후 함석헌 선생과 깊은 교류가 이어진 것도 이런 인연과 무관하지 않아 보인다.
사진 제공 〈바보새 함석헌〉.

제자가 직접 듣고 기록한 효봉 스님의 상당법어

효봉 노트

1948년 해인사 가야총림부터 1960년 동화사 금당선원까지

초판 1쇄 발행 2021년 9월 27일

지은이 효봉

발행인 김미숙

편집인 김성동

펴낸곳 도서출판 어의운하

주소 경기도 고양시 일산 서구 덕이로 250, 102호

전화 070-4410-8050

팩시밀리 0303-3444-8050

페이스북 https://www.facebook.com/you-think

블로그 https://blog.naver.com/you-think

이메일 you-think@naver.com

출판등록 제406-2018-000137

ISBN 979-11-965609-9-7